존 파이퍼의 거듭남

Finally Alive
by John Piper

Copyright ⓒ 2009 by Desiring God Foundation
Originally published in English under the title : Finally Alive
by Christian Focus Publications LTD., Great Britiain

Korean Traslation Copyright ⓒ 2009 by Duranno Press
95 Seobinggo-Dong, Yongsan-Gu, Seoul, Korea

존 파이퍼의 거듭남

지은이 | 존 파이퍼
옮긴이 | 전의우
초판 발행 | 2009. 12. 14
25쇄 발행 | 2024. 2. 15
등록번호 | 제 3-203호
등록된 곳 | 서울시 용산구 서빙고동 95번지
발행처 | 사단법인 두란노서원
영업부 | 2078-3333 FAX | 080-749-3705
출판부 | 2078-3444

▌책값은 뒤표지에 있습니다.
ISBN 978-89-531-1250-6 03230

▌독자의 의견을 기다립니다.
tpress@duranno.com   http://www.duranno.com

두란노서원은 바울 사도가 3차 전도 여행 때 에베소에서 성령 받은 제자들을 따로 세워 하나님의 말씀으로 양육하던 장소입니다. 사도행전19장 8-20절의 정신에 따라 첫째 목회자를 돕는 사역과 평신도를 훈련시키는 사역, 둘째 세계선교(TIM)와 문서선교(단행본 · 잡지)사역, 셋째 예수문화 및 경배와 찬양 사역, 그리고 가정 · 상담 사역 등을 감당하고 있습니다. 1980년 12월 22일에 창립된 두란노서원은 주님 오실 때까지 이 사역들을 계속할 것입니다.

존 파이퍼의 **거듭남**

존 파이퍼 지음 | 전의우 옮김

두란노

●

●

●

이 책의 출판을 더없이 축하한다. 지난 수십 년간 칭의 논쟁과 인간이 하나님과 바른 관계를 회복하는 방법에 관한 논쟁이 계속돼 왔다. 그렇다 보니 회심에 대한 문제를 소홀히 한 경향이 있다. 새 언약에서 보면, 회심에는 우리가 그리스도 안에서 갖는 위치와 신분이 포함된다. 하지만 결코 여기에 국한되지 않는다. 회심은 성령이 일으키는 기적적인 변화를, 인간의 단순한 결심을 무한히 초월하는 그 무엇을 포함한다.

회심은 거듭남이다. 회심을 통해 우리는 새로운 피조물이 된다. 회심은 복음이 구원을 주는 하나님의 능력임을 입증한다. 정통적인 신앙고백들을 다 합쳐도 회심을 대신하지 못한다. 예수님이 "네가 반드시 거듭나야 하리라"고 말씀하신 이유가 너무나 중요하기 때문에 당신은 반드시 거듭나야 한다.

D. A. 카슨
美 트리니티복음주의신학대학원 신약학 교수
「이머징 교회 바로 알기」 저자

존 파이퍼는 이 책에서 우리 시대에 꼭 필요한 주제를 다루었다. 많은 사람이 여기에 감사할 것이다. 모든 일깨움은 그리스도께서 주신 거듭남에 관한 가르침을 새롭게 발견하는 데서 시작된다. 명료하면서도 포괄적이고 놀라운 가르침을 담은 책이다. 전 세계 독자들에게 이 책을 권한다.

이안 H. 머레이
20세기 최고의 전기작가이자 부흥 신학자
「오래된 복음주의」 저자

그리스도를 통해, 그리스도와 함께, 그리스도 안에, 그리스도 안에 있는 '새로운 당신'(new you)을 의미하는 중생(重生)이나 거듭남은, 우리 시대가 너무도 소홀히 하는 주제다. 그러나 일련의 훌륭한 설교와 신약 전반에 대한 아주 정확한 분석을 통해, 이 책은 힘들지만 이러한 간극을 메운다. 적극 추천한다.

제임스 I. 패커
캐나다 리젠트칼리지 명예교수
「하나님을 아는 지식」 저자

어릴 때, 할머니께서 물으셨다. "얘야, 너 거듭났니?" 그때는 할머니의 물음이 무슨 뜻인지 몰랐지만 바로 그 물음이 나를 회심으로 인도했다. 이 놀라운 책에서 존 파이퍼는 거듭남에 관한 복음적인 교리를 새롭게 제시함으로써 우리 시대가 남용하고 오용하는 '거듭남'이라는 용어를 구해 낸다. 더불어 이 책에는 신학적 통찰과 목회의 지혜가 가득하다.

티모시 조지
美 샘포드대학교 비슨신학교 초대 학장
〈크리스채니티 투데이〉 수석 편집자

이론과 실제가 함께하는 책이다. 신약의 가르침을 깊이 연구하며, 거듭남의 본성과 거듭남에서 비롯되는 삶을 탐구하는 책이다. 아주 신선하고 고무적이며, 그리스도의 영광과 복음을 더 깊이 보여 주며, 복을 실천하고 나누려는 새로운 다짐을 불러일으키는 책이다.

데이비드 잭맨
영국 런던 The Proclamation Trust 책임자

오늘날 거듭남의 교리는 가벼이 취급을 받으며 구석에 처박혀 있다. 이런 일이 벌어진 것은 '자칭 그리스도인들'이라는 참으로 많은 사람들이

거듭남의 실재를 체험하지 못했기 때문이다. 거듭남의 실재를 체험한 사람들이 이처럼 적은 것은 놀라운 거듭남의 교리를 이해하는 사람들이 너무나 적기 때문이다.

「존 파이퍼의 거듭남」은 참으로 많은 혼란을 없애 주며, 하나님이 사랑하는 아들 예수 그리스도를 통해 이루시는 구원을 기뻐할 충분한 이유를 제시한다. 하나님의 백성은 거듭남이 어떤 모습이고, 어떤 느낌이며 어떤 맛인지 알아야 한다. 나아가 거듭남이 무엇을 바라고, 무엇을 말하며, 어떻게 행하며, 무엇을 생각하는지 알아야 한다. 하나님의 백성에게 이보다 중요한 것은 없다.

그리스도인들은 성경이 거듭남에 관해 무엇을 가르치는지 알아야 하며, 자신이 거듭났다는 사실 또한 알아야 한다. 그리스도인에게 이보다 중요한 것은 없다. 어떤 사람은 이런 책이 왜 이제야 나왔는지 의아해한다. 그래도 이제라도 책이 나왔으니 얼마나 반가운 일인가! 모든 독자들이 페이지마다 넘치는 예수 그리스도의 풍성한 아름다움을 보며 하나님을 기뻐하길 기도한다.

따비티 안얍윌리
케이맨제도 그랜드케이맨 제일침례교회 담임목사

존 파이퍼는 우리 시대에 세련되지 못하거나 겉만 번지르르한 상투어가 되어 버린 '거듭남'이라는 용어를 재조명해 완전히 성경적인 의미와 다시 연결한다. 신학적으로는 무섭도록 철저한가 하면, 한편으로는 마음이 따뜻해지는, 목회와 실제가 조화를 이루는 책이다. 하나님의 사람들이 이 귀한 책을 읽고 '거듭난' 사람의 놀라운 신분과 책임을 귀하게 여길 수 있기를 바란다.

리처드 커닝햄
영국 UCCF(Universities and Colleges Christian Fellowship) 대표

복음주의 교회는 가난한 사회와 세상을 위한 사회 활동을 통해 선행에 다시 적극 참여한다. 많은 이유에서 옳고 칭찬할 만한 일이지만, 여느 때와 다름없이 한 가지 위험은 '선행'(good deeds)이 '복음'(good news)을 대신할 수는 없다는 것이다. 예수님이 말씀하신 진리를 끊임없이 상기해야 한다. "사람이 만일 온 천하를 얻고도 제 목숨을 잃으면 무엇이 유익하리요"(마 16:26).

「존 파이퍼의 거듭남」은 성경이 가르치는 거듭남의 의미를 생생하게, 그리고 매우 감동적으로 그려 낸다. 진정한 삶의 변화가 일어나려면 복음의 참 의미를 알아야 한다. 복음이란, 그리스도와 그분의 완전한 대속의 죽음을 믿음으로써 완전히 용서받고 영원한 새 생명으로 거듭난다는 좋은 소식이다. 이것은 오직 하나님의 은혜로, 우리는 이 복음을 이해하고, 믿고, 받아들이고, 선포해야 한다. "네가 반드시 거듭나야 하리라"(요 3:7, You must be born again, NIV)는 말씀을 '반드시' 기억해야 한다.

이 책에서는 거듭남의 진리와 거듭남의 절대적 필요와 과정을 분명하고 아름답게 풀어냈다. 기독교 신앙에 관심 있는 사람들만이 아니라, 그리스도와 그분의 길에 깊이 헌신된 사람들도 이 책을 통해 모든 죄인에게 하나뿐인 영광의 소망을, 그리스도 안에서 영원한 새 생명을 낳는 거듭남의 기적을 확인하기 바란다.

브루스 웨어
The Southern Baptist Theological Seminary 신학과 교수

"나는 거듭났는가?" 성급히 대답할 질문이 아니다. 이 책에서, 존 파이퍼는 우리의 자만을 벗겨 내면서 많은 사람들이 자신이 그리스도인이라고 잘못 믿는다고 주장했다. 이보다 더 중요한 문제는 없기에, 이 책이 존 파이퍼의 저서 가운데 가장 중요하다고 믿는다.

아드리안 워녹
Ardianwarnock.com 운영자

Contents

•

•

•

예수님은 우리가 반드시 거듭나야 한다고 말씀하신다(요 3:7 참조). 그러나 이와 같은 선언은, 스스로 자기 영혼을 호령하는 주인이고 싶은 사람에게는 매우 황당하고 충격적인 이야기일 수 있다.

죄에 빠진 우리는 무기력할 수밖에 없다. "바람이 임의로 불매 네가 그 소리는 들어도 어디서 와서 어디로 가는지 알지 못하나니 성령으로 난 사람도 다 그러하니라"(요 3:8).

최종적으로 영혼을 다스리는 주체는 우리가 아니라, '바람'(the Wind, 성령)인 것이다.

거듭나는 과정에서 하나님의 성령이 자유롭게(freely, 임의로) 역사하시는데, 이러한 사실을 보여 주는 두 이야기를 들으면 성령께서 틀에 박힌 방식으로 일하신다는 생각에서 벗어날 수 있다. 어거스틴은 AD 386년에 회심하고 그리스도께 돌아왔으며, C. S. 루이스는 서른네 살이 되던 1931년에야 그리스도인이 되었다. 두 사람 다 오랫동안 불신앙과 씨름한 끝에 회심했다. 그러나 성령의 바람이 마침내 이들을 회심시킨 방법은 아주 달랐다.

어거스틴을 그리스도에게서 떼어 놓은 우상은 음란이었다. 어거스틴은 지난 16년 동안 자신의 정욕에 굴복하며 살았다. 어거스틴은 열여섯에 집을 떠났으나, 어머니 모니카는 아들을 위한 기도를 하루도

쉬지 않았다. 그렇게 시간이 흘러 어거스틴은 어느새 서른둘의 나이가 되었다. "[오 주님] 당신을 기뻐하는 데 필요한 힘을 얻을 방법을 찾아 헤맸으나 하나님과 인간의 중보자이신 예수 그리스도를 영접할 때까지 찾지 못했습니다." 주1

그 무렵(386년 8월 말), 교회사에서 가장 중요한 순간 가운데 하나가 찾아왔다. 그는 가장 가까운 친구 알피우스와 마주 앉아 이집트 수도사 안토니의 놀라운 희생과 거룩에 대해 이야기를 나누었다. 그런데 다른 사람들이 그리스도 안에서 거룩하며 자유로운 그 순간에도 어거스틴은 자신의 추한 정욕에 사로잡혀 있었다.

> 우리가 묵는 집에는 작은 정원이 있었습니다. …… 답답한 마음을 달래러 정원으로 나갔습니다. 그곳이라면 저와 자신의 격렬한 싸움을 방해할 사람이 없을 것 같았습니다. …… 저는 제정신이 아니었지만 이따금 제정신이 들기도 했습니다. 저는 죽어 가고 있었지만 그 죽음이 제게 생명을 주었습니다. …… 저는 반쯤 미쳐 버렸고, 당신의 뜻을 받아들이지 못하고 당신과의 언약에 들어가지 못하는 나 자신을 보며 격한 분노에 휩싸였습니다. …… 저는 머리를 쥐어뜯고 두 주먹으로 이마를 쳤습니다. 손가락들을 서로 엇갈려 낀 채 두 무릎을 감싸 안았습니다. 주2

그러나 어느 때부터인가 어거스틴은 득(得)이 실(失)보다 훨씬 크다는 사실을 분명히 보기 시작했고, 마침내 기적 같은 은혜로 그리스도 안에 있는 정결(貞潔)의 아름다움을 보기 시작했다. 싸움은 그리스도와 교제하는 가운데 절제의 아름다움을 누릴 것인가, 아니면 자기 육체에 매여 하찮은 일락(逸樂)을 누릴 것인가라는 싸움으로 귀결되었다.

> 무화과나무 아래 털썩 주저앉았고, 두 뺨에서 눈물이 하염없이 흘러내렸습니다. …… 그때 갑자기 이웃집에서 아이의 노랫소리가 들렸습니다. 남자아이였는지 여자아이였는지는 알 수 없었지만 아이는 똑같은 구절을 반복해 불렀습니다. "집어 들고 읽어라, 집어 들고 읽어라."주3
>
> 그래서 저는 알피우스에게 급히 되돌아갔습니다. …… [바울서신을] 집어 편 후 가장 먼저 눈이 닿는 구절을 조용히 읽었습니다. "낮에와 같이 단정히 행하고 방탕하거나 술 취하지 말며 음란하거나 호색하지 말며 다투거나 시기하지 말고 오직 주 예수 그리스도로 옷 입고 정욕을 위하여 육신의 일을 도모하지 말라"(롬 13:13-14). …… 이 문장을 다 읽고 나자 확신의 빛이 마음에 홍수처럼 밀려들고, 모든 의심의 어둠이 물러가는 것 같았습니다.주4

마침내 어거스틴은 거듭났다. 이후로는 두 번 다시 옛 생활로 돌아가지 않았다. 성령의 바람이 그 정원에 불었던 것이다. 그 바람은 아이의 목소리로 불었고, 성경 한 구절을 통해 불었다. 그리고 어거스틴의 마음에서 어둠이 쫓겨났다.

루이스는 1925년부터 옥스퍼드의 모들린 컬리지에서 영어영문학을 가르쳤다. 아마도 루이스 하면, 「나니아 연대기」(*The Chronicles of Narnia*)의 저자로 기억하는 사람이 꽤 많을 것이다.

1931년 9월 어느 날 저녁이었다. 루이스는 「반지의 제왕」(*The Lord of The Ring*)을 쓴 J. R. R. 톨킨, 셰익스피어 전문가인 휴고 다이슨과 함께 기독교를 놓고 토론 중이었다. 되돌아보면, 하나님이 다음 날 일어날 회심을 위해 모든 것을 준비 중이셨다고 말해도 좋겠다.

그러나 어거스틴의 경우와는 달리, 루이스의 회심은 감성적이지 않았으며, 분명한 싸움도 없었다. 모든 싸움은 이전에 다 끝났다. 루이스는 동물원으로 향하는 구원 버스 이야기를 들려준다.

마지막 걸음을 언제 내딛었는지는 너무나 잘 알지만 어떻게 내딛었는지는 거의 모른다. 햇살이 따스한 어느 날 아침, 버스를 타고 윕스네이드 동물원으로 향했다. 출발할 때는 예수 그리스도가 하나님의 아들이라고 믿지 않았으나 동물원에 도착했을 때는 믿었다. 그러나 동물원으로 향하는 버스에서 깊은 생각에 잠긴 건 아니었다. 감정의 소용돌이에 휘말리지도 않았다. 가장 중요한 사건들 가운데 '감정'이라는 단어를 절대 쓰지 말아야 하는 몇몇 경우가 있다. 마치 긴 잠에서 깼으나 여전히 침대에 꼼짝 않고 누워 있는 사람이 이제 자신이 깨어났다는 사실을 인식하는 경우에 더 가까웠다. 그리고 버스를 타고 가던 중에 경험한 순간처럼 모호했다. 자유일까 아니면 필연일까? 이 둘이 최고점에 도달하면 서로 다를까?[주5]

사람이 거듭나는 순간에 거의 미칠 지경에 이르든, 아니면 동물원으로 향하는 버스에서 조용하게 거듭남을 체험하든 간에, 거듭남은 엄청난 사건이다. 이 두 사람에게 진심으로 "우리는 …… 사망에서 옮겨 생명으로 들어간 줄을 알거니와"(요일 3:14)라는 말보다 더 중요한 일은 없다. 이 책이 바로 이러한 거듭남에 관한 것이다.

세상에 물든 '거듭난' 그리스도인?

우리 시대에는 거듭남의 기적을 모두가 참모습 그대로 받아들이지는 않는다. 인터넷에서 여론 조사 기관을 접속해 보면 "거듭난 그리스도인, 비그리스도인만큼 쉽게 이혼"과 같은 문구를 흔히 볼 수 있다. 로날드 사이더는 「그리스도인의 양심선언」(*The Scandal of the Evangelical Conscience : Why Are Christians Living Just Like the Rest of the World?*, IVP 역간)에서, 마크 레그너스는 「금단의 열매 : 미국 십대들의 생활에 나타난 섹스와 종교」(*Forbidden Fruit: Sex and Religion in the Lives of American Teenagers*)에서 동일한 종류의 통계수치를 제시한다.

이 책에서 거듭남에 대해 이야기하면서 가장 중요하게 생각하는 부분은, 거듭남(born again, 또는 '거듭난')이라는 용어를 사용하는 방식이다. 특히 기독교 여론 조사 기관인 바나 그룹(Barna Group)은 조사 결과를 발표하면서 '거듭나다'라는 용어를 자주 사용한다. "거듭난 그리스도인, 비그리스도인 만큼 쉽게 이혼"(Born Again Christians Just as Likely to Divorce as Are Non-Christians)이라는 조사 보고서에서, 바나 그룹은 '복음주의자들'(evangelicals)이라는 용어와 '거듭난'(born again)이라는 용어를 구분하지 않고 서로 대체해도 무방한 같은 의미로 사용하면서 다음과 같이 보고한다.

- 복음주의자들의 겨우 9퍼센트만 십일조를 한다.
- 혼전 순결을 서약한 1,200명의 십대 가운데 80퍼센트는 7년 내에 혼외(婚外) 정사를 했다.
- 전통적인 복음주의자들 가운데 26퍼센트는 혼전 성관계가 잘못이라고 생각지 않는다.
- 백인 복음주의자들이 흑인을 이웃으로 두는 것을 반대할 가능성이 가톨릭 신자나 주류 개신교인의 경우보다 높다.[주6]

바꿔 말하면, 미국과 서구에서 폭넓게 정의하는 복음주의 교회는, 전체적으로 세상과 별로 다르지 않다는 뜻이다. 복음주의는 주일에 교회에 감으로써 종교로 겉포장을 한다. 그러나 복음주의 종교는 변화를 일으키는 능력이 아니라, 기본적으로 세상과 동일한 방식의 삶에 추가된 부가물일 뿐이다.

반드시 짚고 넘어가고 싶은 부분이 있다. 바나 그룹은 세상과 구별되지 않는 모습으로 삶을 살며, 세상과 다름없이 죄를 지으며, 세상만큼이나 이웃을 위해 희생하지 않고, 세상만큼이나 불의를 쉽게 받아들이며, 세상만큼이나 물질을 탐하고, 세상만큼이나 하나님을 무시하는 오락을 열심히 즐기는 미국 교인들을 묘사하는 데 거듭남이라는 용어를 사용한다. 거듭남이라는 용어를 '자칭 그리스도인'이라고 말하는 사람들을 묘사하는 데 사용하는 것이다. 이것은 참으로 심각한

실수다.

바나 그룹은 거듭남이라는 성경 용어를 예수님과 성경 저자들이 이해하지도 못하고 인정하지도 못할 방식으로 사용한다. 그들은 자신들의 조사 보고서에서 거듭남이라는 용어를 이런 식으로 사용한다.

> 본 조사에서 '거듭난 그리스도인들'이란, 자기 스스로 '예수 그리스도께 자신을 드렸으며 그 헌신이 지금도 자신의 삶에서 중요하다'고 말하며, 자신은 죄를 고백하고 예수 그리스도를 구주로 영접했기 때문에 죽으면 천국에 간다고 믿는 사람들을 말한다. 우리는 응답자들에게 '거듭난' 그리스도인이냐고 묻지 않았다. 또한 여기서 '거듭난' 그리스도인으로 분류된 사람들은 교회나 교단과는 무관하다.[주7]

이 조사에서 거듭남이라는 용어는, 이런저런 것을 '말하는' 사람들을 가리킨다. 이들은 이렇게 말한다.

"저는 자신을 예수님께 드렸습니다. 제게는 이것이 지금도 중요합니다."

"저는 죽으면 천국에 가리라고 믿습니다. 저의 죄를 고백하고 예수 그리스도를 저의 구주로 영접했거든요."

바나 그룹은 이들의 말을 액면 그대로 받아들여, 이들이 더없이 중요한 거듭남을 체험했다고 여긴다. 그뿐 아니라 바나 그룹은 중생한 사람들이라고 중생하지 못한 사람들보다 죄를 잘 이기는 게 아니라고 말함으로써 참으로 귀한 성경 진리를 비웃는다.

바나 그룹의 조사가 틀렸다는 말이 아니다. 사실 그들이 실시한 조사는 섬뜩할 정도로 정확해 보인다. 교회가 사람들의 평가만큼 세상적이지는 않다는 말도 아니다. 다만, 신약성경 저자들은 거듭남을 정확히 반대로 생각한다는 것을 짚고 싶을 뿐이다. 바나 그룹은 한 사람의 신앙고백에서 출발해, 그에게 거듭났다는 꼬리표를 달아 주며, 소위 이러한 거듭난 사람들이 세상적이라고 말한다. 그 다음 순서로, 거듭났다고 사람이 완전히 바뀌는 게 아니라는 결론을 내린다. 그러나 신약성경은 오히려 정반대 순서를 밟는다.

신약성경은 사람이 거듭나면 완전히 바뀐다는 절대적 확신에서 출발한다. 그러므로 자신이 그리스도인이라는 사람들 가운데 상당수가 (바나 그룹이 말하듯이) 사실은 완전히 변화되지 못했음을 깨닫는다. 결과적으로 이들은 거듭나지 않았다는 결론을 내리는 순서를 밟는다. 바나 그룹과는 달리, 신약성경은 거듭나지 못했으면서도 자신이 그리스도인이라고 하는 사람들의 세상적인 모습을 근거로 거듭남을 모독하지는 않는다.

예를 들면, 요한일서의 핵심 가운데 하나는 바로 이러한 진리에 대한 확인이다.

- "너희가 그가 의로우신 줄을 알면 의를 행하는 자마다 그에게서 난 줄을 알리라"(2:29).
- "하나님께로부터 난 자마다 죄를 짓지 아니하나니 이는 하나님의 씨가 그의 속에 거함이요 그도 범죄하지 못하는 것은 하나님께로부터 났음이라"(3:9).

- "사랑하는 자들아 우리가 서로 사랑하자 사랑은 하나님께 속한 것이니 사랑하는 자마다 하나님으로부터 나서 하나님을 알고"(4:7).
- "무릇 하나님께로부터 난 자마다 세상을 이기느니라 세상을 이기는 승리는 이것이니 우리의 믿음이니라"(5:4).
- "하나님께로부터 난 자는 다 범죄하지 아니하는 줄을 우리가 아노라 하나님께로부터 나신 자가 그를 지키시매 악한 자가 그를 만지지도 못하느니라"(5:18).

앞으로 이어지는 여러 장(章)에서 위에 제시한 본문들을 살펴볼 생각이다. 완벽주의와는 거리가 너무도 먼 수많은 그리스도인의 실패를 사실 그대로 다루겠다.

그러나 현 상황에서 보자면, 위의 여러 구절들이 마치 바나 그룹의 주장을 염두에 두고 기록된 듯이 보이는 게 사실이다. 이 본문들은 거듭난 사람들이 도덕적으로 세상과 구분되지 않는다는 잘못된 주장에 대한 답변인 듯 보이기 때문이다.

성경은 교회에 이런 사람들이 있다는 걸 너무 잘 안다. 이것이 요한일서를 기록한 한 가지 이유다. 그러나 성경은 바나 그룹을 따르는 대신, 바나 그룹의 조사가 거듭난 그리스도인들이 세상에 물들었다는 사실을 찾아냈다고 말하는 게 아니라, 교회가 거듭나지 못한 사람들에게 물들었다는 사실을 찾아냈다고 말한다.

거듭남을 바로 알자 🍃

먼저 거듭남이라는 용어와 함께 사용할 '중생'(重生, regeneration)이라는 단어를 잠깐 살펴보겠다. 중생은 거듭남을 의미하는 또 다른 용어다. 가끔은 중생이라는 단어를 쓰는 게 적절한 때가 있다. 아직 중생이라는 단어를 모른다면 당신의 어휘 목록에 추가하기 바란다. '중생하다'와 '중생한'이라는 단어도 추가하라. 앞으로 두 단어(거듭나다/중생하다, 거듭난/중생한)를 맞바꿔 가며 사용할 것이다.

거듭남이라는 용어를 바나 그룹처럼 사용하는 것은, 이 용어를 모독하는 행위다. 많은 사람들에게 거듭남이라는 용어는 그저 수명을 새롭게 연장 받은(got a new lease on life, '인생을 새롭게 시작하다'는 의미도 내포한다 – 옮긴이주) 사람이나 사물을 의미하게 되었다. 그러기에 인터넷을 잠깐만 검색해도 이런 문구들이 쉽게 띈다. "그린 무브먼트사 거듭나다, 몬트리올의 데이브 쉽야드사 거듭나다, 보스턴 서안지역 거듭나다, 옥스퍼드의 유대인을 위한 코셔푸드 거듭나다"(Kosher는 본래 유대인의 율법에 맞는 정결한 음식을 말하는데, 최근에는 kosher 마크를 깨끗하고 건강에 좋은 식료품과 음식을 의미하는 표시로 사용한다 – 옮긴이주). 그러므로 45퍼센트의 미국인이 자신은 종교적으로 거듭났다고 말한다는 글을 읽을 때 주의해야 한다는 것은 놀라운 일이 아니다.

거듭남이라는 용어는 성경에서 아주 귀하고 중요하다. 그러므로 성경이 거듭남이라는 용어를 사용할 때 하나님이 무엇을 의도하시는지 알고, 그분의 은혜로 우리가 거듭남을 체험하며 다른 사람들도 체험하도록 돕는 것이 우리의 주 관심사여야 한다. 거듭남이 실제로 무엇을 의미하는지 아는 것은 엄청나게 중요하다.

거듭남에 관한 또 한 권의 책을 쓴 이유는 그리스도를 따르는 사람들이 회심 때 실제로 무슨 일이 일어나는지 알도록 돕기 위해서다. 거듭남은 많은 사람들의 생각보다 훨씬 더 영광스러운 사건이다. 물론 내 생각보다도 훨씬 더 영광스러운 사건이다. 모든 인간의 이해를 초월하는 놀라운 사건이다.

그러나 거듭남이 신비(神秘)한 이유는 성경이 여기에 관해 거의 말하지 않기 때문이 아니다. 성경은 거듭남에 관해 많이 말한다. 그런데도 거듭남이 신비로운 이유는 우리가 현세에 "거울로 보는 것같이 희미"(고전 13:12)하게 볼 때 모두를 이해할 수는 없고, 이해한다 해도 그게 전부가 아니기 때문이다. 그러므로 이 책을 다 읽은 뒤에는 우리가 거듭났을 때 무슨 일이 일어났는지 더 많이, 더 정확히 알기 바란다.

거듭남에 관한 또 한 권의 책을 내놓는 또 다른 이유가 있다. 아직도 그리스도를 따르지 않는 사람들이 무수히 많기 때문이다. 이들은 거듭나지 못했다. 하나님께서 이 책을 이들이 거듭나게 하는 도구로 사용하시길 기도한다. 이들 가운데에는 이따금 교회에 나오는 사람도 있고, 성도라는 이들도 있으며, 심지어 교회 지도자들도 있다. 그러나 이들은 거듭나지 못했다. 이들은 그저 문화적 그리스도인(cultural Christians, 기독교 신앙은 없지만 기독교 문화에서 태어나고 기독교 문화와 가치관에 젖어 살며 그 가치관과 문화를 수용하고 지지하는 사람들을 말한다. 「만들어진 신」과 「이기적 유전자」처럼 진화론적 시각에서 기독교를 비판하는 책을 쓴 철저한 무신론자 리차드 도킨슨은 스스로를 가리켜 문화적 그리스도인이라고 했다 ─옮긴이주)일 뿐이다. 종교는 형식적인 외형에 지나지 않는다. 더구나 종교에는 영적 죽음에서 영적 생명으로 옮기는 진정한 내적 각성(覺醒)이 없다.

이들에게 반드시 일어나야 하는 일을 보여 줌으로써 이들을 섬기고 싶다. 그리고 신자들의 말과 기도와 하나님의 성령을 통해, 이 책이 많은 사람을 중생으로 인도하는 도구로 사용되길 기도한다.

앞으로 보겠지만, 거듭남은 사람의 일이 아니다. 어느 누구도 우리를 거듭나게 하지 못한다. 어느 설교자나 어느 저자도 우리를 거듭나게 하지 못한다. 당신은 자신을 거듭나게 하지 못한다. 오직 하나님만 하신다. 거듭남은 우리에게 일어나는 일이지만 우리가 일으키는 일이 아니다.

거듭남은 언제나 하나님의 말씀을 통해 일어난다. 베드로 사도는 거듭남을 이렇게 표현한다. "너희가 거듭난 것은 썩어질 씨로 된 것이 아니요 썩지 아니할 씨로 된 것이니 살아 있고 항상 있는 하나님의 말씀으로 되었느니라 그러므로 모든 육체는 풀과 같고 그 모든 영광은 풀의 꽃과 같으니 풀은 마르고 꽃은 떨어지되 오직 주의 말씀은 세세토록 있도다 하였으니 너희에게 전한 복음이 곧 이 말씀이니라"(벧전 1:23-25).

하나님이 그분의 자녀들을 낳으신다. 그러나 하나님이 이들을 낳는 데 사용하시는 씨는 하나님의 말씀, 곧 우리가 전하는 복음이다. 그러기에 너무나 인간적인 이 책을 통해 너무나 초자연적인 기적이 일어나길 기도한다. 나의 목적은 독자들이 거듭남을 직접 확인할 수 있게 성경을 토대로 거듭남을 최대한 분명하게 설명하는 것이다.

당신이 그리스도인이라면, 자신이 거듭났을 때 무슨 일이 일어났는지 알길 바란다. 내가 이런 바람을 갖는 데는 세 가지 이유가 있다.

우선, 당신이 진정으로 거듭나고 은혜 가운데 자라며 주님이 당신을 위해 행하신 일을 더 많이 알아 갈 때, 하나님이 당신의 아버지라는 확신이 깊어진다. 당신이 이런 체험을 하길 바란다.

또한 당신이 거듭났을 때 자신에게 실제로 무슨 일이 일어났는지 안다면, 하나님과 그분의 성령과 그분의 아들과 그분의 말씀을 어느 때보다 귀히 여기게 될 것이다. 이때 우리 주 그리스도께서 영광을 받으신다.

마지막으로, 신자들은 거듭났을 때 자신에게 실제로 무슨 일이 일어났는지 발견하는 과정에서 회심의 중요성과 초자연적 성격을 깨닫는다. 이러한 깨달음을 계기로 교회가 진실함을 보다 널리 회복해 종교적 위선이 줄었으면 하는 바람이다. 또한 세상이 그리스도를 섬기는 사람들에게서 진정한 사랑과 희생과 용기를 발견하길 기도한다.

거듭남의 기적을 체험하라

거듭남이란 무엇인가? 다시 말해, 실제로 무슨 일이 일어나는가? 거듭남은 무엇과 같은가? 무엇이 변하는가? 전에 없던 무엇이 생겨나는가?

거듭남이 하나님께서 우리의 구원을 위해 하시는 다른 일들과 어떻게 연결되는지 차례로 설명하겠다. 예를 들면, 거듭남은 다음과 어떻게 연결되는가?

• 하나님의 유효한 부르심 – "부르신 그들을 또한 의롭다 하

시고"(롬 8:30).

- 새로운 피조물 – "누구든지 그리스도 안에 있으면 새로운 피조물이라"(고후 5:17).
- 하나님이 우리를 그리스도께로 이끄심 – "아버지께서 이끌지 아니하시면 아무도 내게 올 수 없으니"(요 6:44).
- 하나님이 사람들을 아들에게 주심 – "아버지께서 내게 주시는 자는 다 내게로 올 것이요"(요 6:37).
- 하나님이 우리 마음을 여심 – "주께서 그 마음을 열어 바울의 말을 따르게 하신지라"(행 16:14).
- 하나님이 우리 마음을 비추심 – "하나님께서 예수 그리스도의 얼굴에 있는 하나님의 영광을 아는 빛을 우리 마음에 비추셨느니라"(고후 4:6).
- 하나님이 우리의 돌 같은 마음을 제거하시고 살 같은 마음을 주심 – "너희 육신에서 굳은 마음을 제거하고 부드러운 마음을 줄 것이며"(겔 36:26).
- 하나님이 우리를 살리심 – "허물로 죽은 우리를 [하나님이] 그리스도와 함께 살리셨고"(엡 2:5).
- 하나님이 우리를 그분의 가족으로 입양하심 – "너희는 다시 무서워하는 종의 영을 받지 아니하고 양자의 영을 받았으므로 우리가 아빠 아버지라고 부르짖느니라"(롬 8:15).

거듭나게 하시는 하나님의 역사는 하나님이 우리를 구원하실 때 우리에게 일어난 일을 묘사하는 이 모든 놀라운 방법과 어떻게 연결되는가?

또 하나의 질문을 던지겠다. 우리는 왜 거듭나야 하는가? 예수님은 요한복음 3장 7절에서 "네가 반드시 거듭나야 하리라"(NIV)고 말씀하셨다. 예수님은 '내가 네게 제안하노라', 혹은 '이 체험을 더하면 네 삶이 좋아지리라'고 말씀하지 않으셨다.

왜 사람이 거듭나지 아니하면 하나님의 나라를 볼 수 없는가?(요 3:3 참조) 이것이 거듭남을 정확히 알아야 하는 중요한 이유 가운데 하나다. 우리는 자신이 반드시 거듭나야 한다는 것과 반드시 거듭나야 하는 이유를 깨달아야 한다. 그러기 전에는 구원 받지 못한 자신의 상태가 실제로 어떤지 깨닫지 못한다.

대부분의 사람들은 자신이 실제로 어디가 잘못됐는지 모른다. 이들이 희망적인 진단을 내리도록 돕는 한 가지 방법은 하나님이 이미 주신 처방을, 다시 말해, 거듭남을 이들에게 보여 주는 것이다. 무릎이 시려 병원에 갔는데 의사가 다음과 같은 진찰 결과를 내놓았다. "결과가 좋지 않네요. 무릎 아래를 절단해야 합니다."

이 처방은 당신의 시린 무릎에 대해 박식한 그 어떤 여러 의학용어보다 더 많은 사실을 말한다. "네가 반드시 거듭나야 하리라"는 처방도 마찬가지다.

그렇다면 어떻게 거듭나는가? 거듭남은 어떻게 일어나는가? 한 사람이 거듭나는 과정에서 하나님은 무엇을 하시는가? 거듭남이 가능하도록 하나님이 역사에서 하신 일은 무엇인가? 거듭남이 결정적으로 하나님의 일이라면 나는 거듭남을 어떻게 체험하는가? 거듭나기 위해 내가 할 수 있는 일이 있는가? 거듭남의 과정에서 나의 역할은 무엇인가?

거듭남이란 무엇인가? 왜 거듭나야 하는가? 어떻게 거듭나는가? 세 가지 질문을 차례로 던진 후에 이렇게 묻겠다. 무엇을 위해 거듭나는가? 거듭남의 목적은 무엇인가? 거듭남은 어떤 결과를 낳는가? 거듭나면 삶에서 어떤 변화가 일어나는가? 거듭난 사람의 삶이란 어떤 모습인가?

마지막으로 다른 사람들이 거듭나도록 돕기 위해 우리가 할 수 있는 일은 무엇인가? 하나님이 거듭남의 주도자라면, 우리가 할 수 있는 일은 무엇인가? 우리의 행위가 실제로 중요한가?

마지막에 개인전도와 이것이 거듭남과 어떻게 연결되는지를 비롯한 실제적인 문제를 살펴보겠다.

거듭남을 진정한 성경적 관점에서 보느냐에 많은 게 걸려 있다. 천국과 지옥이 걸려 있다. 이 시대에서 예수님을 더 닮고 주변 문화를 덜 닮은 교회가 달려 있다.

그래서 우리는 처음 시작한 곳, 거듭난 그리스도인이 거듭나지 못한 사람들과 구별되지 않는 삶을, 세상적이며 죄악 된 삶을 산다는 주장으로 돌아가야 한다. 하지만 나는 이 주장에 동의하지 않는다. 요한일서 5장 4절은 이렇게 말한다. "무릇 하나님께로부터 난 자마다 세상을 이기느니라 세상을 이기는 승리는 이것이니 우리의 믿음이니라."

그러나 이러한 나의 확신은 안타깝게도 교회를 위한 장밋빛 소식은 아니다. 내 확신은 거듭나지 못한 채 교회 문지방을 넘는 사람들이 엄청나게 많다는 현실에 대한 암시이기 때문이다.

다만, 인간이 거듭난다고 해서 이생에서 완전해진다고는 생각지 않는다. 여전히 죄가 있으며, 날마다 믿음의 싸움을 계속해야 한다. 어떤 불신자들은 어떤 신자들보다 나아 보인다. 그러나 이것은 꽤 나쁜 사람들 가운데 거듭난 사람들이 있기 때문이며, 변화 과정이 우리가 원하듯이 늘 그렇게 빠르지는 않기 때문이다. 이것은 속으로는 하나님에게 무관심하거나 심지어 적대적이면서도 겉으로는 온갖 유전적, 사회적 이유로 도덕에 순응하는 거듭나지 못한 사람들이 있기 때문이기도 하다.

하나님은 거듭난 사람들과 거듭나지 못한 사람들을 완벽하게 구분하신다. 하지만 어리석은 우리는 그렇게 하지 못한다. 그러나 이들을 구분하는 경계선은 분명히 있으며, 거듭난 사람들은 비록 느리더라도 한 단계의 겸손과 사랑에서 그 다음 단계의 겸손과 사랑으로 변화되는 중이다.

거듭남은 중요하다. 영원을 위해 중요하며, 이생에서 그리스도의 영광을 위해 중요하다. 마지막에 하나님 나라에 들어가려면(요 3:3 참조), 교회가 자기 빛을 세상에 비춰 사람들이 하나님께 영광을 돌리게 하려면(마 5:16 참조), 거듭남을 반드시 체험해야 한다.

이러한 거듭남이라는 기적을 주도하시는 분은 하나님이다. 하나님은 지금까지 이 사실에 대해 침묵하지 않으셨다. 하나님은 자신이 거듭남의 기적에서 하는 일을 우리가 모르길 원하지 않으신다는 뜻이다. 하나님이 거듭남에 관해 주신 계시를 알면 우리에게 유익하다는 뜻이다. 예수님이 니고데모에게 "네가 반드시 거듭나야 하리라"고 말씀하실 때, 흥미롭거나 하찮은 정보를 나누시는 게 아니었다. 예수님은 니고데모를 영생으로 인도하고 계셨다.

이 책이 예수님 말씀의 메아리가 되어 이 세상에서 바로 이런 역할을 하길 바란다. 오직 하나님만이 인간을 거듭나게 하신다. 그러나 하나님은 도구를 사용하신다. 하나님의 은혜로 이 책이 거듭남을 위한 하나의 도구가 되길 바란다. 하나님이 당신을 거듭나게 하신다면(또는 이미 거듭나게 하셨다면) 당신은 참으로, 반드시, 마침내 살아난다.

Finally
Alive

거듭남이란 무엇인가

그런데 바리새인 중에
니고데모라 하는 사람이 있으니 유대인의

지도자라 그가 밤에 예수께 와서 이르되 랍비여 우리가 당신은 하나님께로
부터 오신 선생인 줄 아나이다 하나님이 함께 하시지 아니하시면 당신이
행하시는 이 표적을 아무도 할 수 없음이니이다 예수께서 대답하여 이르시
되 진실로 진실로 네게 이르노니 사람이 거듭나지 아니하면 하나님의 나라
를 볼 수 없느니라 니고데모가 이르되 사람이 늙으면 어떻게 날 수 있사옵
나이까 두 번째 모태에 들어갔다가 날 수 있사옵나이까 예수께서 대답하시
되 진실로 진실로 네게 이르노니 사람이 물과 성령으로 나지 아니하면 하
나님의 나라에 들어갈 수 없느니라 육으로 난 것은 육이요 영으로 난 것은
영이니 내가 네게 거듭나야 하겠다 하는 말을 놀랍게 여기지 말라 바람이
임의로 불매 네가 그 소리는 들어도 어디서 와서 어디로 가는지 알지 못하
나니 성령으로 난 사람도 다 그러하니라 니고데모가 대답하여 이르되 어찌
그러한 일이 있을 수 있나이까 예수께서 그에게 대답하여 이르시되 너는
이스라엘의 선생으로서 이러한 것들을 알지 못하느냐 _요 3:1-10

거듭남, 영적 생명의 탄생

우리에게 필요한 것은 종교가 아니라 생명이다.

예수님은 요한복음 3장 3절에서 니고데모에게 말씀하셨다. "진실로 진실로 네게 이르노니 사람이 거듭나지 아니하면 하나님의 나라를 볼 수 없느니라."

예수님이 우리 모두에게 하신 말씀이기도 하다. 니고데모뿐만 아니라, 당신과 나도 반드시 거듭나야 하며, 그러지 않으면 하나님 나라를 못 본다. 구원 받지 못한다는 뜻이다. 하나님의 가족이 되지 못하며 천국에 들어가지 못한다는 뜻이다.

거듭나지 않으면 천국이 아니라 지옥에 간다. 예수님이 요한복음 3장 마지막 절에서 그리스도를 믿지 않는 사람에 관해 하신 말씀이다. "하나님의 진노가 그 위에 머물러 있느니라"(요 3:36).

농담이 아니다. 예수님은 냉혹한 진리를 냉혹하게 말씀하신다. 이 것이 사랑이다. 그 반대를 아부(阿附)라고 한다.

니고데모는 가장 종교적인 유대 지도자 계층인 바리새인이었다. 예수님은 마태복음 23장 15, 33절에서 바리새인들에게 말씀하셨다. "화 있을진저 외식하는 서기관들과 바리새인들이여 너희는 교인 한 사람을 얻기 위하여 바다와 육지를 두루 다니다가 생기면 너희보다 배나 더 지옥 자식이 되게 하는도다 …… 뱀들아 독사의 새끼들아 너 희가 어떻게 지옥의 판결을 피하겠느냐."

그러므로 거듭남은 지엽적인 주제가 아닌 핵심 주제다. 거듭남은 우리의 영원이 걸린 문제다. 거듭나지 않으면 하나님 나라를 보지 못 한다.

거듭날 때 무슨 일이 일어나는가? 이 질문에 답하기 전에 일러 두고 싶은 것이 있다. 나는 독자들이 이 책을 어떻게 읽을지 정말 궁금하 다. 분명 이 책 때문에 많은 사람들이 불안해할 것이다. 우리가 예수 님의 말씀을 진지하게 받아들이지 않으면 그분의 말씀이 우리를 거듭 거듭 불안하게 하듯이 말이다.

첫째, 거듭남에 관한 예수님의 가르침은 거듭나게 하시는 하나님의 은혜가 없으면 우리가 영적으로, 도덕적으로, 법적으로 얼마나 무기 력한지 일깨워 준다. 거듭나기 전까지 우리는 영적으로 죽었으며, 도 덕적으로 이기적이고 반항적이며, 법적으로 하나님의 법 앞에서 유죄 이며 그분의 진노 아래 있다. 우리가 반드시 거듭나야 한다는 예수님 의 말씀은 지금 우리가 타락하여 죄로 가득해 아무런 반응조차 할 줄 모르는 희망 없는 상태라는 뜻이다. 우리 삶에 놀라운 은혜가 임하지 않으면, 우리는 자신에 대한 이러한 평가를 듣기 싫어한다. 따라서 반드시 거듭나야 한다는 예수님의 말씀에 마음이 불안해진다.

거듭남에 관한 가르침은 우리를 불안하게 한다. 거듭남이란 우리가 하는 일이 아니라 우리에게 일어나는 일이기 때문이다. 요한복음 1장 13절은 이 점을 강조하면서 하나님의 자녀들을 가리켜 "혈통으로나 육정으로나 사람의 뜻으로 나지 아니하고 오직 하나님께로부터 난 자들"이라고 말한다. 하나님이 우리를 거듭나게 하신다. 우리가 우리를 거듭나게 하는 것이 아니다. 베드로도 같은 사실을 강조한다. "우리 주 예수 그리스도의 아버지 하나님을 찬송하리로다 그의 많으신 긍휼대로 예수 그리스도를 죽은 자 가운데서 부활하게 하심으로 말미암아 우리를 거듭나게 하사"(벧전 1:3).

우리가 우리를 거듭나게 하는 게 아니다. 하나님이 우리를 거듭나게 하신다. 우리가 행하는 영적인 모든 선(善)은 거듭남의 원인이 아니라 결과다. 거듭남은 우리 손에 달려 있지 않다. 그러므로 거듭남은 우리가 무기력하며 외부의 누군가에게 절대적으로 의존하는 존재라는 사실을 일깨워 준다.

예수님은 거듭나지 않으면 하나님 나라를 보지 못한다고 하신다. 그러나 우리가 스스로 거듭나지도 못한다고 하신다. 그러므로 거듭남에 관한 예수님의 가르침이 우리를 불안하게 하는 셋째 이유는 이 가르침이 하나님의 절대적 자유를 우리에게 일깨워 주기 때문이다. 하나님과 단절된 우리는 영적으로 죽었고, 따라서 이기적이며 배반을 일삼는다. 우리는 본질상 진노의 자녀다(엡 2:3 참조). 우리의 배반이 얼마나 깊은지 우리는 복음에서 그리스도의 영광을 찾지도 못하며 바라

지도 못한다(고후 4:4 참조). 그러므로 우리의 거듭남은 결정적으로, 궁극적으로 하나님께 달렸다. 우리를 살리려는 하나님의 결정은 영적 시체인 우리가 하는 일에 대한 반응이 아니다. 오히려 우리가 하는 일이 하나님께서 우리를 살리신 데 대한 반응이다. 대부분의 사람들에게 거듭남은, 적어도 처음에는 불안감을 준다.

거듭남은 강퍅한 마음만이 아니라 부드러운 양심에까지 혼란을 일으키기도 한다. 그래서 말하기가 매우 조심스럽다. 부드러운 양심에 불필요한 염려를 일으키고 싶지 않기 때문이다. 도덕이나 종교를 영적 생명과 혼동하는 사람들에게 거짓 소망을 주고 싶지도 않다. 이 책을 읽는 동안, 이 책의 이러한 두 가지 파괴적 영향 가운데 어느 하나도 당신에게 미치지 않도록 기도하기 바란다.

내 손에 영원한 영혼들이 있는 듯한 느낌이다. 그러나 나는 그들에게 생명을 줄 능력이 없다. 하지만 우리 하나님은 그런 능력이 있으시다. 하나님이 에베소서 2장 4-5절에서 하시는 말씀을 이루시길 간절히 바란다. "긍휼이 풍성하신 하나님이 우리를 사랑하신 그 큰 사랑을 인하여 허물로 죽은 우리를 그리스도와 함께 살리셨고 (너희는 은혜로 구원을 받은 것이라)."

하나님은 그리스도께서 진리 가운데 높임을 받으시는 곳에 생명을 주는 은혜를 더욱 풍성히 베풀길 원하신다. 이것이 나의 소망이다. 이 책이 단순히 독자의 마음을 불안하게 하는 데 그치지 않고 그 마음에 안정을 주며 그를 구원으로 인도하길 바란다.

거듭날 때 무슨 일이 일어나는가

우리가 거듭날 때 무슨 일이 일어나는가? 이 질문에 세 문장으로 답하겠다. 첫째와 둘째 문장은 본장에서 다루고 셋째 문장은 다음 장에서 다루겠다.

1. 당신은 거듭날 때, 새 종교가 아니라 새 생명을 얻는다.
2. 당신은 거듭날 때, 단순히 예수님 안에 있는 초자연적인 것을 인정하는 게 아니라 직접 체험한다.
3. 당신이 거듭날 때, 옛 본성이 개선되는 게 아니라 새 본성이 창조된다. 새 본성은 실제로 당신이며, 용서받고 깨끗해진 본성이다. 그 본성은 실제로 새로우며, 내주하시는 하나님의 성령께서 그 본성을 빚으신다.

한 번에 하나씩 살펴보자. 우리는 거듭날 때 새 종교가 아니라 새 생명을 얻는다. 요한복음 3장 1-3절은 이렇게 말한다.

"그런데 바리새인 중에 니고데모라 하는 사람이 있으니 유대인의 지도자라 그가 밤에 예수께 와서 이르되 랍비여 우리가 당신은 하나님께로부터 오신 선생인 줄 아나이다 하나님이 함께하시지 아니하시면 당신이 행하시는 이 표적을 아무도 할 수 없음이니이다 예수께서 대답하여 이르시되 진실로 진실로 네게 이르노니 사람이 거듭나지 아니하면 하나님의 나라를 볼 수 없느니라."

요한은 니고데모가 바리새인이며 유대 지도자라고 분명하게 말한다. 바리새인은 유대교 그룹 가운데에서 가장 엄격한 종교인이었다.

예수님은 이러한 바리새인에게 "진실로 진실로 네게 이르노니 사람이 거듭나지 아니하면 하나님의 나라를 볼 수 없느니라"(3절)고 말씀하신다. 훨씬 더 개인적으로, 예수님은 7절에서 "네가 반드시 거듭나야 하리라"(NIV)고 말씀하신다. 그러므로 요한이 말하려는 한 가지 핵심은 이것이다. 니고데모가 신봉하는 종교의 전부와 바리새인으로서 행하는 놀랄 만한 모든 율법 연구와 수련과 율법 지키기가 거듭남의 필요를 대신하지 못한다.

니고데모에게 필요한 것, 당신과 내게 필요한 것은 종교가 아니라 생명이다. 거듭남을 언급하는 궁극적인 이유는 거듭남이 세상에 새 생명을 탄생시키기 때문이다.[8]

물론 어떤 의미에서 니고데모는 살아 있다. 숨쉬고, 생각하며, 느끼고, 행동한다. 그 역시도 하나님의 형상으로 창조된 인간이다. 그러나 분명히 예수님은 니고데모가 죽었다고 생각하신다. 니고데모에게는 영적 생명이 없기 때문이다. 영적으로 보면, 니고데모는 태어나지 않은 것과 같다. 그는 생명이 필요하다. 더 많은 종교 행위나 더 많은 종교적 열정이 필요한 게 아니다. 이런 것은 있을 만큼 있다.

누가복음 9장 60절에서, 아버지를 장사하기 위해 예수님을 따르는 일을 미루고 싶어 하는 사람에게, 예수님이 하신 말씀을 떠올려 보라. "죽은 자들로 자기의 죽은 자들을 장사하게 하고."

육체적으로 죽었으며, 따라서 장사지내야 하는 사람들이 있다는 뜻이다. 그리고 영적으로 죽었으며, 따라서 육체적으로 죽은 자들을 장사 지낼 수 있는 사람들이 있다. 예수님은 겉으로는 생생하게 살아 있는 듯하지만 사실은 죽은 사람들이 있다고 생각하셨던 것이다. 예수님이 들려주신 탕자의 비유에서, 아버지는 "이 내 아들은 죽었다가 다시 살아났으며"(눅 15:24)라고 말한다.

니고데모는 종교가 필요하지 않았다. 생명이, 영적 생명이 필요했다. 사람이 거듭날 때, 전에 없던 생명이 생긴다. 거듭날 때 새 생명이 탄생한다. 거듭남은 종교 행위나 수련이나 결단이 아니다. 거듭남은 생명의 탄생이다. 이것이 거듭남에서 일어나는 일을 묘사하는 첫째 방식이다.

둘째, 당신은 거듭날 때, 단순히 예수님 속에 있는 초자연적인 것을 인정하는 게 아니라 직접 체험한다. 니고데모는 요한복음 3장 2절에서 이렇게 말한다. "랍비여 우리가 당신은 하나님께로부터 오신 선생인 줄 아나이다 하나님이 함께하시지 아니하시면 당신이 행하시는 이 표적을 아무도 할 수 없음이니이다."

니고데모는 예수님의 사역에서 진정한 하나님의 행위를 보았다. 그는 예수님이 하나님에게서 오셨음을 인정했다. 예수님은 하나님의 일을 하신다. 니고데모의 말에, 예수님은 '팔레스타인의 모든 사람들이 네가 내게 관해 보는 진리를 보길 바란다'고 대답하지 않으신다. 대신 이렇게 말씀하신다. "네가 반드시 거듭나야 하리라. 그러지 않으면 절대로 하나님 나라를 보지 못하리라"(NIV).

표적과 기사를 보고, 표적과 기사에 놀라며, 기적의 일꾼(miracle-worker, 기적 수행자)이 하나님에게서 왔다며 그를 높인다고 구원 받지는 못한다. 새 마음이 없어도 표적과 기사에 놀랄 수 있다. 이것이 표적과 기사가 수반하는 큰 위험 가운데 하나다.

타락한 옛 본성은 기적을 행하는 자가 하나님에게서 왔다고 주저

없이 말한다. 마귀도 예수님이 하나님의 아들이며 기적을 행하신다는 사실을 안다(막 1:24 참조).

"진실로 진실로 네게 이르노니 사람이 거듭나지 아니하면 하나님의 나라를 볼 수 없느니라."

단순히 예수님 속에 있는 초자연적인 것을 인정하는 게 아니라 자신 속에서 직접 체험하는 것이 중요하다. 거듭남은 자연적 현상이 아니라 초자연적 현상이다. 세상에 있는 것으로는 거듭남을 설명하지 못한다. 6절은 거듭남의 초자연적 성격을 강조한다. "육으로 난 것은 육이요 영으로 난 것은 영이니"

육은 자연적인 우리의 모습이다. 하나님의 영은 우리를 거듭나게 하는 초자연적 인격체(Person)다. 예수님은 8절에서 이것을 또다시 말씀하신다. "바람이 임의로 불매 네가 그 소리는 들어도 어디서 와서 어디로 가는지 알지 못하나니 성령으로 난 사람도 다 그러하니라."

성령은 자연 세계의 일부가 아니다. 성령은 자연을 초월한다. 참으로 성령은 하나님이다. 성령은 자신이 원하는 대로 불고, 우리는 성령을 제어하지 못한다. 성령은 자유하며 독립적이다. 성령은 거듭남의 직접적인 원인이다.

그러기에 예수님은 말씀하신다. "니고데모 선생, 사람이 거듭날 때 단순히 저의 속에 있는 초자연적인 것을 인정하는 게 아니라 그것을 자기 속에서 직접 체험하게 되는 거지요. 선생께서는 반드시 거듭나야 합니다. 자연적인 방법이(은유적으로 말하자면) 아니라 초자연적인 방법으로 거듭나야 하지요. 성령 하나님께서 선생 속에 오셔서 새 생명을 탄생시키셔야 하지요."

생명이신 그리스도와 연합하다

거듭남은 영적 생명이 없는 곳에 영적 생명을 주는 성령의 초자연적 사역이다. 예수님은 요한복음 6장 63절에서 이것을 거듭 말씀하신다. "살리는 것은 영이니 육은 무익하니라."

그러나 요한복음은 다른 부분도 분명히 한다. 예수님 자신이 성령께서 주시는 생명이다. 이렇게도 말할 수 있겠다. 성령께서 영적 생명을 주시지만 오직 예수님과의 관계 속에서 주신다. 우리는 그리스도와의 연합을 통해 초자연적인 영적 생명을 경험한다. 예수님은 요한복음 14장 6절에서 "내가 곧 길이요 진리요 생명이니 나로 말미암지 않고는 아버지께로 올 자가 없느니라"라고 말씀하신다. 요한복음 6장 35절에서는 "나는 생명의 떡이니"라고 말씀하신다. 그리고 요한복음 20장 31절에서, 사도 요한은 이렇게 말한다. "오직 이것을 기록함은 너희로 예수께서 하나님의 아들 그리스도이심을 믿게 하려 함이요 또 너희로 믿고 그 이름을 힘입어 생명을 얻게 하려 함이니라."

그러므로 예수님과 연결되지 않고 그분을 믿지도 않으면 영적 생명이 없으며 영생(永生)도 없다. 우리가 거듭날 때, 성령께서 생명의 연합으로 우리를 그리스도와 연결하신다. 그리스도는 생명이다. 그리스도는 생명이 흘러나는 포도나무다. 우리는 가지다(요 15:1-17 참조). 우리가 거듭날 때, 새로운 영적 생명이 예수 그리스도와의 연합을 통해 초자연적으로 창조된다. 성령께서 우리를 길이요 진리요 생명이신 그리스도와 생생하게 연결하신다.

우리 편에서 보면, 우리가 거듭날 때 우리 마음에서 예수님을 믿는 믿음이 깨어난다. 영적 생명과 예수님을 믿는 믿음이 함께 생겨난다.

새 생명이 믿음을 가능하게 한다. 영적 생명이 항상 믿음을 일깨우고 믿음을 통해 나타나기 때문에 예수님을 믿지 않으면 생명도 없다. 그러므로 새 생명과 예수님을 믿는 믿음을 절대 분리해서는 안 된다. 하나님 편에서 보면, 우리는 거듭남을 통해 그리스도와 연합된다. 이것이 바로 성령께서 하시는 일이다. 우리 편에서 보면, 우리는 예수님을 믿음으로 이러한 연합을 체험한다.

요한일서에서, 요한은 이 둘을 이렇게 연결한다. "무릇 하나님께로부터 난 자마다 세상을 이기느니라 세상을 이기는 승리는 이것이니 우리의 믿음이니라"(요일 5:4). '하나님께로부터 남'(born of God)이 승리의 열쇠요, '믿음'은 승리의 비결이다. 둘 다 참이다. 믿음은 우리가 하나님께로부터 남을 체험하는 방식이기 때문이다. 하나님께로부터 남은 언제나 믿음을 동반한다. 거듭날 때 얻는 생명은 믿음의 생명이다. 둘은 절대 분리되지 않는다.

요한이 요한일서 5장 11-12절에서 이것을 어떻게 말하는지 보라. "또 증거는 이것이니 하나님이 우리에게 영생을 주신 것과 이 생명이 그의 아들 안에 있는 그것이니라 아들이 있는 자에게는 생명이 있고 하나님의 아들이 없는 자에게는 생명이 없느니라." 그러므로 "살리는 것은 영이니"(요 6:63), "네가 반드시 성령으로 나야 하리라"(요 3:5, 8 참조), "너희로 믿고 그 이름을 힘입어 생명을 얻게 하려 함이니라"(요 20:31)는 예수님의 말씀은 이런 뜻이다. 우리가 거듭날 때, 성령께서 믿음을 통해 우리를 예수 그리스도와 연결함으로써 우리에게 새로운 영적 생명을 초자연적으로 주신다. 예수님은 생명이기 때문이다.

그러므로 '거듭날 때 무슨 일이 일어나는가?'라는 질문에 답할 때,

예수님이 요한복음 3장에서 하신 두 말씀, 곧 "사람이 거듭나지 아니하면 하나님의 나라를 볼 수 없느니라"(3절)는 말씀과 "아들을 믿는 자에게는 영생이 있고"(36절)라는 말씀을 절대 분리하지 말라. 우리가 거듭날 때, 그리스도와의 연합을 통해 생명이 창조된다. 하나님은 부분적으로 믿음을 창조하심으로 이 일을 하시는데, 하나님이 우리 안에 믿음을 창조하실 때 우리는 그리스도와의 연합을 경험한다.

그런데 바리새인 중에
니고데모라 하는 사람이 있으니 유대인의

지도자라 그가 밤에 예수께 와서 이르되 랍비여 우리가 당신은 하나님께로 부터 오신 선생인 줄 아나이다 하나님이 함께 하시지 아니하시면 당신이 행하시는 이 표적을 아무도 할 수 없음이니이다 예수께서 대답하여 이르시되 진실로 진실로 네게 이르노니 사람이 거듭나지 아니하면 하나님의 나라를 볼 수 없느니라 니고데모가 이르되 사람이 늙으면 어떻게 날 수 있사옵나이까 두 번째 모태에 들어갔다가 날 수 있사옵나이까 예수께서 대답하시되 진실로 진실로 네게 이르노니 사람이 물과 성령으로 나지 아니하면 하나님의 나라에 들어갈 수 없느니라 육으로 난 것은 육이요 영으로 난 것은 영이니 내가 네게 거듭나야 하겠다 하는 말을 놀랍게 여기지 말라 바람이 임의로 불매 네가 그 소리는 들어도 어디서 와서 어디로 가는지 알지 못하나니 성령으로 난 사람도 다 그러하니라 니고데모가 대답하여 이르되 어찌 그러한 일이 있을 수 있나이까 예수께서 그에게 대답하여 이르시되 너는 이스라엘의 선생으로서 이러한 것들을 알지 못하느냐 _요 3:1-10

'새로운 나'를 빚으시는 성령의 역사

거듭남은 생명을 모방하는 것이 아니라
영적 생명을 창조하는 것이다.

'거듭날 때 무슨 일이 일어나는가?'라는 질문에 계속 답하겠다. 요한복음 3장 7절에서, 예수님은 니고데모에게 "내가 네게 거듭나야 하겠다 하는 말을 놀랍게 여기지 말라"고 하셨다. 3절에서 예수님은 우리의 영원한 삶이 거듭남에 달렸다고 니고데모에게, 그리고 우리에게 말씀하신다.

"진실로 진실로 네게 이르노니 사람이 거듭나지 아니하면 하나님의 나라를 볼 수 없느니라."

그러므로 우리는 그리스도인의 삶에서 지엽적이거나, 해도 그만 안해도 그만인 하찮은 문제를 다루는 게 아니다. 거듭남은 장의사가 시신을 살아 있는 모습에 더 가깝게 보이게 하려고 사용하는 분장술이 아니다. 거듭남은 생명을 모방하는 것이 아니라 영적 생명을 창조하는 것이다.

우리는 '거듭날 때 무슨 일이 일어나는가?'라는 질문에 두 문장으로 대답했다.

1. 거듭날 때 당신은 새 종교가 아니라 새 생명을 얻는다.
2. 거듭날 때 당신은 단순히 예수님 안에 있는 초자연적인 것을 인정하는 게 아니라, 그것을 자신 속에서 직접 체험한다.

니고데모는 바리새인이었고 종교성이 강했다. 그러나 그는 영적 생명이 없었다. 그는 예수님에게서 하나님의 초자연적 역사를 보았으나 이것을 자신 속에서 직접 체험하지는 못했다. 그러므로 1장에서 살펴본 두 핵심을 종합해 보면, 니고데모에게는 성령을 통해 초자연적으로 주어지는 새로운 영적 생명이 필요했다. 새 생명이 영적이며 초자연적인 이유는 성령 하나님이 주시는 생명이기 때문이다. 새 생명은 육체의 심장과 뇌의 자연적 생명을 초월한다.

요한복음 3장 6절에서, 예수님은 "육으로 난 것은 육이요 영으로 난 것은 영이니"라고 말씀하신다. 육은 일종의 생명이 있다. 모든 인간은 살아 있는 육체다. 그러나 모든 인간이 살아 있는 영(living spirit, 산 영)은 아니다.

예수님은 우리가 살아 있는 영이거나 영적 생명을 가지려면 반드시 "영[성령]으로 나야" 한다고 말씀하신다. 육도 일종의 생명을 준다. 하지만 성령은 이와는 다른 생명을 주신다. 무엇보다 성령이 주시는 생명을 소유하지 못하면 하나님 나라를 보지 못한다.

그 다음으로, 1장을 마무리하면서 매우 중요한 두 가지를 살펴보았다. 첫째는 거듭남과 예수님의 관계이며, 둘째는 거듭남과 믿음의 관계다. 예수님은 "내가 곧 길이요 진리요 생명이니"(요 14:6)라고 말씀하셨다. 사도 요한은 이렇게 말했다. "또 증거는 이것이니 하나님이 우리에게 영생을 주신 것과 이 생명이 그의 아들 안에 있는 그것이니라 아들이 있는 자에게는 생명이 있고 하나님의 아들이 없는 자에게는 생명이 없느니라"(요일 5:11-12).

그러므로 한편으로, 우리에게 필요한 새 생명은 "아들 안에" 있다. 예수님이 바로 그 생명인 것이다. 당신에게 예수님이 있으면, 당신은 영원한 영적 새 생명이 있다. 한편, 요한복음 6장 63절에서 예수님은 "살리는 것은 영[성령]이니"라고 말씀하신다. 또한 성령으로 나지 않으면 하나님 나라에 들어가지 못한다(요 3:5 참조).

따라서 우리는 우리의 생명이신 하나님의 아들과 연결됨으로써 생명을 얻으며, 성령의 역사로 생명을 얻는다. 그래서 거듭남에서 성령의 사역은 우리를 그리스도와 연합시킴으로 우리에게 새 생명을 주는 것이라고 결론 내렸다. 칼뱅은 이것을 이렇게 표현한다. "성령은 그리스도께서 우리를 자신과 효과적으로 연합시키시는 고리다." [9]

그 다음으로 요한복음 20장 31절에서 거듭남과 믿음의 관계를 보았다. "오직 이것을 기록함은 너희로 예수께서 하나님의 아들 그리스도이심을 믿게 하려 함이요 또 너희로 믿고 그 이름을 힘입어 생명을 얻게 하려 함이니라."

그리고 요한일서 5장 4절에서도 이 둘의 관계를 보았다. "무릇 하나

님께로부터 난 자마다 세상을 이기느니라 세상을 이기는 승리는 이것
이니 우리의 믿음이니라."

그래서 우리가 본 것을 이렇게 요약했다. 우리가 거듭날 때, 성령께
서 믿음을 통해 우리를 예수 그리스도와 연결함으로써 우리에게 새로
운 영적 생명을 초자연적으로 주신다.

용서와 죄 씻음

이제 당신이 거듭날 때 일어나는 일을 묘사하는 셋째 방법을 살펴
볼 차례다. 당신이 거듭날 때, 옛 본성(옛 사람)이 개선되는 게 아니라
새 본성(새 사람)이 창조된다. 새 본성은 실제로 당신이지만 용서받고
깨끗해진 본성이며, 하나님이 성령의 내주(內住)를 통해 당신 속에 빚
으시는 참으로 새로운 본성이다.

이러한 결론에 이른 과정을 짧게 소개하겠다. 요한복음 3장 5절에
서, 예수님은 니고데모에게 말씀하신다. "진실로 진실로 네게 이르노
니 사람이 물과 성령으로 나지 아니하면 하나님의 나라에 들어갈 수
없느니라."

여기서 "물과 성령으로"라는 말이 무슨 뜻인가? 어떤 교단에서는
이것은 물세례를 두고 성령께서 우리를 그리스도와 연합시키는 방식
이라는 뜻이라고 믿는다. 예를 들면, 어느 웹사이트는 이에 대해 다음
과 같이 설명한다.

성령 세례는 그리스도인의 전체적인 삶의 기초이며, 성령 안

에 있는 생명으로 들어가는 입구이며, 그 밖의 성례로 이어지는 문이다. 세례를 통해, 우리는 죄에서 해방되고 하나님의 자녀로 다시 태어난다. 우리는 그리스도의 지체가 되며, 교회의 일원이 되며, 교회 사명의 공유자가 된다. "세례는 말씀 가운데서 물을 통해 거듭나는 성례다."주10

수많은 사람들이 세례를 받았으므로 거듭났다고 배웠다. 이 가르침이 참이 아니라면, 큰 비극이요 세계적인 비극이다. 하지만 나는 이 가르침을 참이라고 믿지 않는다. 그렇다면 "물과 성령으로 나지 아니하면"이라는 예수님의 말씀은 무슨 뜻인가? 여기서 물은 그리스도인의 세례를 의미하지 않는다. 그렇게 생각하는 데는 여러 이유가 있다.

첫째, 여기서 물이 그리스도의 세례를 의미하며 따라서 어떤 이들의 말처럼 거듭남을 위한 필수 조건이라면, 예수님이 요한복음 3장 나머지 부분에서 영생 얻는 법을 말씀하실 때 다시 언급하지 않으신 게 이상하다.

"이는 그를 믿는 자마다 영생을 얻게 하려 하심이니라"(15절).

"이는 그를 믿는 자마다 멸망하지 않고 영생을 얻게 하려 하심이라"(16절).

"그를 믿는 자는 심판을 받지 아니하는 것이요"(18절).

세례가 필수 조건이라면, 요한복음 3장 나머지 부분이 세례를 믿음과 더불어 언급하지 않는 것이 이상하다.

둘째, 거듭남이 물세례의 결과가 확실하다면, 8절에서 예수님이 바람을 비유로 드신 것 또한 이상하다. 예수님은 "바람이 임의로 불매 네가 그 소리는 들어도 어디서 와서 어디로 가는지 알지 못하나니 성령으로 난 사람도 다 그러하니라"고 말씀하신다.

이것은 하나님이 한 사람을 거듭나게 하실 때 바람처럼 자유롭게 일하신다는 뜻으로 보인다. 그러나 아기에게 물을 뿌릴 때마다 이런 일이 일어난다면, 하나님은 바람처럼 자유롭게 일하신다고 볼 수 없을 것 같다. 이 경우, 성례가 바람을 강하게 제한하는 꼴이 되기 때문이다. 그러므로 예수님은 여기서 성례나 세례를 생각하시는 것 같지 않다.

셋째, 예수님이 여기서 그리스도인의 세례를 말씀하시는 거라면, 10절에서 바리새인 니고데모에게 "너는 이스라엘의 선생으로서 이러한 것들을 알지 못하느냐"라고 물으신 게 이상하다. 예수님이 구약의 어느 가르침을, 니고데모가 당연히 알며 적용해야 하는 가르침을 말씀하고 계신다면, 니고데모에게 이렇게 물으시는 게 당연하다. 그러나 예수님이 훗날에 시행되며, 자신의 삶과 죽음에서 그 의미를 도출하는 그리스도인의 세례를 말씀하고 계신다면, 어떻게 이스라엘의 선생이면서도 내 말을 이해 못하느냐고 니고데모를 꾸짖지는 않으실 것이다.

마지막으로, 예수님이 10절에서 니고데모를 꾸짖으며 하신 말씀을 이해하려면 구약으로 돌아가 그 배경을 살펴야 한다. 특히 에스겔 36장은 물과 성령을 새 언약의 약속과 긴밀하게 연결한다. 에스겔 36장은 요한복음 3장 나머지 부분의 기초다.

에스겔은 하나님이 자신의 백성을 바벨론 포로 생활에서 돌이키실 때 그들을 위해 하실 일을 예언하는 중이다. 이 예언은 단지 이스라엘

만을 위한 게 아니다. 왜냐하면 예수님이 자신을 믿을 모든 사람들을 위해 자신의 피로 새 언약을 새우셨기 때문이다(눅 22:20 참조). 에스겔 36장 24-28절은 예레미야 31장 31-34절처럼 새 언약의 약속들의 여러 버전 가운데 하나다.

> "내가 너희를 여러 나라 가운데에서 인도하여 내고 여러 민족 가운데에서 모아 데리고 고국 땅에 들어가서 맑은 물을 너희에게 뿌려서 너희로 정결하게 하되 곧 너희 모든 더러운 것에서와 모든 우상 숭배에서 너희를 정결하게 할 것이며 또 새 영을 너희 속에 두고 새 마음을 너희에게 주되 너희 육신에서 굳은 마음을 제거하고 부드러운 마음을 줄 것이며 또 내 영을 너희 속에 두어 너희로 내 율례를 행하게 하리니 너희가 내 규례를 지켜 행할지라 내가 너희 조상들에게 준 땅에서 너희가 거주하면서 내 백성이 되고 나는 너희 하나님이 되리라."

나는 "사람이 물과 성령으로 나지 아니하면 하나님의 나라에 들어갈 수 없느니라"(요 3:5)는 예수님의 말씀이 이 구절에서 나왔다고 생각한다.

하나님은 누구에게 "너희가 …… 내 백성이 되고 나는 너희 하나님이 되리라"(28절)고 말씀하시는가? "[내가] 맑은 물을 너희에게 뿌려서 너희로 정결하게"(25절) 하리라고 말씀하시는 사람들에게 말씀하신다. 그리고 "[내가] 새 영을 너희 속에 두고 새 마음을 너희에게 주되"(26절)라고 말씀하시는 사람들에게 말씀하신다. 바꾸어 말하면, "그 나라에 들어갈" 사람들은 옛 사람에 대한 씻음과 새 사람의 창조를 포함해 새로움이 있는 사람들이다.

그러므로 에스겔 36장의 "물과 영[성령]"은 우리가 거듭날 때 얻는 새로움의 두 면을 모두 말한다고 볼 수 있다. 두 면 모두 중요하며, 여기에는 이유가 있다. 우리가 새 영(또는 새 마음)을 받았다는 말은 더 이상 인간─도덕적 책임이 있는 자─이 아니라는 뜻이 아니다.

우리는 옛날이나 지금이나 언제나 인간이다. 나는 거듭나기 전에도 존 파이퍼라는 한 인간이었으며, 거듭난 후에도 늘 존 파이퍼라는 한 인간이다. 여기에는 연속성이 있다. 그래서 씻음이 필요한 것이다. 옛 사람 존 파이퍼가 완전히 제거됐다면 용서와 씻음의 개념 자체가 부적절하다. 이 경우, 용서받거나 씻어야 할 과거의 일이 하나도 남지 않기 때문이다.

우리가 알 듯이, 성경은 우리의 옛 사람이 십자가에 못 박혔고(롬 6:6 참조), 우리가 그리스도와 함께 죽었으며(골 3:3 참조), 따라서 우리는 "자신을 죄에 대하여는 죽은 자"(롬 6:11)로 여겨야 하며, "옛 사람을 벗어 버"(엡 4:22)려야 한다고 말한다. 그러나 이 모든 구절은 동일한 인간에 관해 말한다. 이것은 제거해야 할 옛 본성이나 성격이나 원칙이나 성향이 있었다는 뜻이다.

그러므로 당신은 자신의 새 마음이나 새 영이나 새 본성을 생각할 때, 그것이 여전히 당신이며 따라서 용서받고 씻음 받아야 할 필요가 있다고 보아야 한다. 이것이 물을 언급한 핵심이다.

죄는 반드시 씻겨야 한다. 물로 씻는다는 것은 바로 이것을 나타내는 그림이다. 예레미야 33장 8절은 이것을 이렇게 표현한다. "내가 그들을 내게 범한 그 모든 죄악에서 정하게 하며 그들이 내게 범하며 행한 모든 죄악을 사할 것이라."

그러므로 현재의 우리―과거부터 계속 존재하는 우리―는 반드시 용서받아야 하며 죄 씻음을 받아야 한다.

부드러운 마음을 주시는 성령

용서와 씻음만으로는 부족하다. 내가 새로워져야 한다. 변화되어야 한다. 보고 생각하고 판단하는 새로운 방식이 필요하다.

에스겔이 36장 26-27절에서 새 마음과 새 영을 말하는 이유도 여기 있다. "또 새 영을 너희 속에 두고 새 마음을 너희에게 주되 너희 육신에서 굳은 마음(stone heart)을 제거하고 부드러운 마음(flesh heart)을 줄 것이며 또 내 영을 너희 속에 두어 너희로 내 율례를 행하게 하리니 너희가 내 규례를 지켜 행할지라."

나는 이 구절을 이렇게 이해한다. 굳은 마음은 영적 실재에 무감각하며 반응하지도 않는 죽은 마음을 의미한다. 이것은 당신이 거듭나기 전에 가졌던 마음으로, 이런 마음은 많은 것에 열정과 갈망으로 반응했다. 그러나 예수 그리스도의 영적 진리와 아름다움, 하나님의 영광, 거룩의 길에 대해서는 돌이나 마찬가지였다. 그러므로 하나님 나라를 보려면 이런 마음이 바뀌어야 한다.

우리가 거듭날 때, 하나님은 돌처럼 굳은 마음을 제하고 살처럼 부드러운 마음을 주신다. "부드러운"(flesh, 살)이라는 단어는 요한복음 3장 6절의 "육으로 난 것은 육이요"(that which is born of flesh is flesh)와는 달리 단순히 인간만을 의미하는 게 아니다. 생명 없는 돌 같은 마음이 아니라, 부드럽고 생명이 있어 반응하고 느끼는 마음을 의미한다. 우리가 거듭날 때, 죽었으며 돌처럼 굳어 그리스도께 무감각한 마음이 그분의 가치를 느끼는 마음으로 바뀐다.

그 다음으로, 에스겔이 26-27절에서 "또 새 영을 너희 속에 두고 …… 내 영을 너희 속에 두어 너희로 내 율례를 행하게 하리니 너희가 내 규례를 지켜 행할지라"고 말할 때, 나는 그의 말이 우리가 거듭날 때 하나님은 살아 있는 초자연적 영적 생명을 우리 마음에 두시며, 이러한 새 생명, 곧 새 영은 우리의 새 마음을 빚으시고 그 마음에 성품을 심으시는 성령의 역사라는 뜻이라고 생각한다.

내가 생각하는 그림은 이처럼 새롭고 따뜻하며 만져지고 반응하며, 살아 있는 마음은 부드러운 흙덩이와 같다. 더불어 성령께서 자기 형상을 따라 친히 흙덩이를 주물러 영적, 도덕적 형태를 부여하신다는 것이다. 성령께서 친히 우리 안에 거하심으로, 우리 마음이 그분의 성품을, 그분의 영을 갖게 된다(엡 4:23 참조).

한 발 물러나 1, 2장을 요약해 보자. 우리가 거듭날 때, 무슨 일이 일어나는가? 우리가 거듭날 때, 성령께서 믿음을 통해 우리를 예수 그리스도와 연결함으로 새로운 영적 생명을 우리에게 초자연적으로 주신다.

달리 말하면, 성령께서 우리를 그리스도와 연합시키시는데, 이러한 연합을 통해 우리 죄가 씻기는 것이다(물이 이것을 상징한다). 또한 그리스도께서는 강퍅하고 반응할 줄 모르는 우리 마음을, 예수님을 그 무엇보다 귀하게 여기며 성령의 임재를 통해 하나님의 뜻을 행하길 기뻐하는 마음으로 변화되는 부드러운 마음으로 바꾸신다(겔 36:27 참조).

거듭남에서 믿음이 어떤 역할을 하며, 거듭남을 어떻게 구하며, 다른 사람들이 거듭남을 구하도록 어떻게 돕는지에 관해 할 말이 많다. 그러나 기다리지 않아도 된다. 당신의 마음이 그리스도의 진리와 아름다움에 끌린다면, 지금 즉시 그분을 당신의 생명으로 받아들여라.

요한은 놀라운 약속을 제시한다. "영접하는 자 곧 그 이름을 믿는 자들에게는 하나님의 자녀가 되는 권세를 주셨으니"(요 1:12).

Finally
Alive

우리는 왜 거듭나야 하는가

그는 허물과 죄로 죽었던 너희를
살리셨도다 그때에 너희는 그 가운데서

행하여 이 세상 풍조를 따르고 공중의 권세 잡은 자를 따랐으니 곧 지금 불순종의 아들들 가운데서 역사하는 영이라 전에는 우리도 다 그 가운데서 우리 육체의 욕심을 따라 지내며 육체와 마음의 원하는 것을 하여 다른 이들과 같이 본질상 진노의 자녀이었더니 긍휼이 풍성하신 하나님이 우리를 사랑하신 그 큰 사랑을 인하여 허물로 죽은 우리를 그리스도와 함께 살리셨고 (너희는 은혜로 구원을 받은 것이라) 또 함께 일으키사 그리스도 예수 안에서 함께 하늘에 앉히시니 이는 그리스도 예수 안에서 우리에게 자비하심으로써 그 은혜의 지극히 풍성함을 오는 여러 세대에 나타내려 하심이라 너희는 그 은혜에 의하여 믿음으로 말미암아 구원을 받았으니 이것은 너희에게서 난 것이 아니요 하나님의 선물이라 행위에서 난 것이 아니니 이는 누구든지 자랑하지 못하게 함이라 우리는 그가 만드신 바라 그리스도 예수 안에서 선한 일을 위하여 지으심을 받은 자니 이 일은 하나님이 전에 예비하사 우리로 그 가운데서 행하게 하려 하심이니라 _엡 2:1-10

거듭나야 과거가 해결된다

나의 행동, 나의 환경, 내 삶의 사람들이 아니라
나의 본성이 나의 가장 깊은 문제다.

하나님에 관한 최고의 저서 가운데 하나로 꼽히는 장 칼뱅의 「기독교 강요」(*Institutes of the Christian Religion*, 크리스챤다이제스트 역간)는 이렇게 시작한다. "우리의 거의 모든 지혜, 곧 참되고 건전한 지혜는 두 부분으로 구성된다. 하나님에 관한 지식과 우리 자신에 관한 지식이다."[주11]

지금 우리가 상기해야 할 사실은 하나님에 관한 지식을 이해하고 받아들이는 일이 어렵다는 게 아니다. 우리 자신에 관한 지식도 이에 못지않게 이해하고 받아들이기 어렵다는 것이다.

첫째는 우리 자신에 관한 참된 지식이 하나님에 관한 참된 지식으로 보이기 때문이며, 둘째는 사실 우리의 상태가 하나님의 도움 없이는 이해할 수 없는 지경인데도 우리는 자신의 상태를 실제로 안다고 생각하는 경향이 있기 때문이다.

예레미야 선지자는 이렇게 기록했다. "만물보다 거짓되고 심히 부패한 것은 마음이라 누가 능히 이를 알리요"(렘 17:9). 다윗은 시편 19편 12절에서 기도했다. "자기 허물을 능히 깨달을 자 누구리요 나를 숨은 허물에서 벗어나게 하소서."

우리는 자기 죄악의 밑바닥을 절대로 모른다. 자기 죄를 완전히 알아야 용서받는다면, 우리 모두 멸망하고 만다. 그 누구도 자기 죄악이 얼마나 깊은지 모른다.

우리의 죄악은 그 누구도 측량 못할 만큼 깊다. 그렇다고 우리가 자기 죄악을 깊이, 정확히 아는 게 전혀 불가능하다는 뜻은 아니다. 성경은 우리의 영적 상태를 분명하고 통렬하게 지적한다. 우리가 자신에게 무엇이 필요한지 알고, 하나님이 그것을 주실 때 기뻐 소리칠 수 있게 하기 위해서다.

예수님은 요한복음 3장 7절에서 "네가 반드시 거듭나야 하리라"(NIV)고 말씀하신다. 요한복음 3장 3절에서는 "사람이 거듭나지 아니하면 하나님의 나라를 볼 수 없느니라"고 말씀하신다. 거듭남은 매우 중요하다. 거듭남에 따라 천국이냐 지옥이냐가 결정된다. 거듭나지 못하면 하나님 나라를 보지 못한다. 그래서 지금까지 '거듭남이란 무엇인가?'라는 문제를 살펴보았고 이제 '왜 거듭나야 하는가?'라는 문제를 살펴볼 차례다.

왜 거듭남이 그렇게 중요한가? 왜 마음 고쳐먹고 새로 시작하거나 도덕적으로 더 깨끗해지거나 자신을 수양하는 등 다른 치료법으로는 부족한가? 왜 우리는 거듭남이라는 철저하고 영적이며 초자연적인 경험을 해야 하는가?

새 언약의 사랑 🍃

에베소서 2장에서 시작하자. "허물과 죄로 죽었던 너희를"(1절).

"긍휼이 풍성하신 하나님이 우리를 사랑하신 그 큰 사랑을 인하여 허물로 죽은 우리를 그리스도와 함께 살리셨고 (너희는 은혜로 구원을 받은 것이라)"(4-5절).

이렇게 바울은 두 번에 걸쳐 우리가 '죽었다'고 말한다. 그리고 5절에 이러한 진단에 대한 처방이 나온다. "[하나님이] 우리를 그리스도와 함께 살리셨고."

하나님의 사랑을 죽었던 예전의 자신과 연결해서 보아야 한다. 그러지 않으면 우리를 향한 하나님의 사랑이 얼마나 큰지 절대로 온전히 체험하지 못한다. 왜냐하면 4-5절에 따르면, 하나님의 사랑의 크기는 그 사랑이 죽은 우리를 살리는 데서 가장 분명하게 나타나기 때문이다. 우리를 향한 큰 사랑 때문에, 하나님은 죽은 우리를 살리셨다. 우리 자신이 죽었었다는 사실을 모르면, 하나님의 사랑도 온전히 알지 못한다.

나는 이 기적이("[하나님이] 우리를 …… 살리셨고") 예수님이 말씀하시는 거듭남과 사실상 같다고 본다. 우리에게 영적 생명이 없을 때, 하나님이 영적으로 사망한 우리를 일으키셨다. 그래서 지금 우리가 살아 있다. 이것은 우리가 반드시 '영으로 나야 하며'(요 3:5 참조) "살리는 것은 영이니"(요 6:63)라는 예수님의 말씀과 동일하다.

그러므로 중생과 거듭남과 살아남의 근원은 하나님의 풍성한 긍휼과 큰 사랑이다. "긍휼이 풍성하신 하나님이 우리를 사랑하신 그 큰 사랑을 인하여 허물로 죽은 우리를 그리스도와 함께 살리셨고." 2장에서 보았듯이 이것이 새 언약의 사랑이다. 이것이 자신의 신부를 향한 하나님의 사랑이다.

하나님은 자신의 신부가 죽었음을 아시고(겔 16:4-8 참조)^{주12} 신부를 위해 아들을 죽음에 내어줌으로써 신부를 살리신다. 그리고 신부를 영원히 지키신다. 예수님은 이렇게 말씀하셨다. "내가 그들에게 영생을 주노니 영원히 멸망하지 아니할 것이요 또 그들을 내 손에서 빼앗을 자가 없느니라"(요 10:28).

그러므로 우리는 이렇게 묻는다. 이것이 무슨 뜻인가? 우리가 죽었다는 말이 무슨 뜻인가? 신약성경은 이에 대해 적어도 열 가지 대답을 내놓는다. 이 대답들을 정직하게, 기도하는 마음으로 살펴보면 매우 겸손해지며 거듭남의 선물에 놀라게 된다. 여기서는 열 가지 대답을 살펴보고 더불어 '우리는 정말로 변화되어야 하는가?'라는 보다 큰 질문을 살펴보겠다. 단순히 용서받고 의롭다 함을 받으면 되지 않는가? 그러면 천국에 가지 않는가?

거듭나지 못한 사람의 상태와 거듭남이 엄청나게 중요한 이유에 대한 성경의 설명을 먼저 살펴보자.

거듭나지 못한 이들의 열 가지 상태 🍃

1. 자기 죄와 허물로 죽은 상태다(엡 2:1-3 참조).

죽음은 생명이 없다는 뜻이다. 신체적으로나 도덕적으로 생명이 없다는 게 아니라, 영적으로 생명이 없다는 뜻이다. 우리는 허물과 죄 가운데 '행하며' 세상 풍조를 '따른다'(2절 참조). 우리는 육체의 '욕심'을 따르며, '육체와 마음이 원하는 것'을 한다(3절 참조).

그러므로 우리는 죄를 못 짓는다는 의미에서 죽은 게 아니다. 우리는 그리스도의 영광을 보지도 못하며, 맛보지도 못한다는 의미에서 죽었다. 영적으로, 우리는 하나님과 그리스도와 이 말씀에 반응하지 않는다. 이것이 우리가 거듭나기 이전의 상태를 설명하는 나머지 아홉 가지 묘사에서 어떻게 나타나는지 살펴보자.

2. 본질상 진노의 자녀다(엡 2:3 참조).

"전에는 우리도 …… 다른 이들과 같이 본질상 진노의 자녀이었더니"(3절). 이 말을 하는 목적은, 우리의 문제가 우리가 무엇을 하느냐가 아니라 우리가 무엇이냐에 있음을 분명히 하기 위해서다. 거듭나지 않았다면, 내가 문제다. 당신이 나의 근본 문제가 아니다. 부모가 나의 근본 문제가 아니다. 적(敵)이 나의 근본 문제가 아니다. 바로 내가 '나'의 근본 문제다. 나의 행동이 아니라, 나의 환경이 아니라, 살면서 만나는 사람들이 아니라 나의 본성이 나의 가장 깊은 문제다.

나는 처음에는 좋은 본성을 가졌으나 나중에 나쁜 짓을 하고 나쁜 본성을 얻은 게 아니다. "내가 죄악 중에서 출생하였음이여 어머니가 죄 중에서 나를 잉태하였나이다"(시 51:5).

이것이 나다. 나의 본성은 육적이고, 자기 중심적이며, 욕심이 많고, 당신이 스스로를 문제로 느끼도록 하는 데 아주 뛰어나다. '나도 그런 사람들을 알아요!' 라는 게 이 말에 대한 당신의 첫 반응이라면, 당신은 자기 마음이 얼마나 거짓된지 전혀 모르는 게 아닐까 싶다. 그러므로 우리는 첫 반응으로 손가락질을 택하기보다 통회(痛悔)하는 쪽을 택해야 한다.

바울은 거듭나기 전의 우리를 "진노의 자녀"라고 부른다. 부모의 진노가 자녀를 향하듯이 하나님의 진노가 우리를 향한다는 뜻이다. 우리의 본성은 매우 반항적이고 이기적이며, 하나님의 위엄에 전혀 무감각하다. 그러므로 하나님의 거룩한 진노야말로 우리를 향한 자연스럽고 의로운 반응이라 할 수 있다.

3. 어둠을 사랑하며 빛을 미워한다(요 3:19-20 참조).

"그 정죄는 이것이니 곧 빛이 세상에 왔으되 사람들이 자기 행위가 악하므로 빛보다 어둠을 더 사랑한 것이니라 악을 행하는 자마다 빛을 미워하여 빛으로 오지 아니하나니 이는 그 행위가 드러날까 함이요."

예수님이 하신 말씀에서 거듭나지 않은 사람의 본성이 잘 드러난다. 영적 빛이 비칠 때, 우리는 저항한다. 그런가 하면 영적 어둠이 에워쌀 때는 순순히 받아들인다. 거듭나지 않은 마음에서는 사랑과 미움이 활발히 움직인다. 사랑해야 할 대상을 미워하고 미워해야 할 대상을 사랑한다.

4. 마음이 돌처럼 단단하다(겔 36:26; 엡 4:18 참조).

앞장에서 살펴본 에스겔 36장 26절이 이를 잘 보여 준다. 여기서 하나님은 "[내가] 너희 육신에서 굳은 마음을 제거하고 부드러운 마음을 줄 것이며"라고 말씀하신다. 에베소서 4장 18절에 따르면, 거듭나지 못한 사람은 지각이 어두워지고 무지하며 마음이 굳어져 고립된 상태가 되고 만다. "그들의 총명이 어두워지고 그들 가운데 있는 무지함과 그들의 마음이 굳어짐으로 말미암아 하나님의 생명에서 떠나 있도다."

우리 문제의 밑바닥은 무지(無知)가 아니다. 더 깊은 곳에 다른 그 무엇이 있다. "무지함과 그들의 마음이 굳어짐으로 말미암아"(the ignorance that is in them, due to their hardness of heart, 저자가 인용하는 NIV를 직역하면 "굳은 마음 때문에 그들 속에 있는 무지"가 되며, 따라서 무지는 굳은 마음에서 기인한다 - 옮긴이주). 우리의 무지는 무죄한 무지가 아니라 유죄한 무지다. 우리 무지의 뿌리는 돌처럼 굳고 거역하는 마음이기 때문이다. 바울은 로마서 1장 18절에서 우리가 불의(不義)로 진리를 막는다고 말한다. 즉, 우리의 가장 큰 문제는 무지가 아니라, 돌처럼 굳고 거역하는 마음이다.

5. 하나님께 복종하지 못하고 그분을 기쁘게도 못한다(롬 8:7-8 참조).

로마서 8장 7-8절에서 바울은 이렇게 말한다. "육신의 생각은 하나님과 원수가 되나니 이는 하나님의 법에 굴복하지 아니할 뿐 아니라 할 수도 없음이라 육신에 있는 자들은 하나님을 기쁘시게 할 수 없느니라."

"육신의 생각"과 "육신에 있는"이라는 말이 뜻하는 바는 그 다음 절에서 확인할 수 있다. 9절 말씀이다. "만일 너희 속에 하나님의 영이 거하시면 너희가 육신에 있지 아니하고 영에 있나니."

바꾸어 말하면, 바울은 거듭났고 성령이 있는 자들과, 거듭나지 못했고 성령이 없고 육신만 있는 자들을 대비시킨다. 영으로 난 것은 영이며 육으로 난 것은 육이다(요 3:6 참조).

바울의 핵심은 우리에게 성령이 없으면 우리 마음이 하나님의 권위를 강하게 거스르기에 우리는 하나님께 복종하려 하지 않으며 복종하지도 못한다는 것이다. "육신의 생각은 하나님과 원수가 되나니 이는 하나님의 법에 굴복하지 아니할 뿐 아니라 할 수도 없음이라"(7절).

하나님께 복종하지 못하면 그분을 기쁘게 하지도 못한다. "육신에 있는 자들은 하나님을 기쁘시게 할 수 없느니라"(8절). 하나님이 거듭나게 하실 때까지 하나님에 대해 이처럼 죽고 지각이 어둡고 마음이 굳은 상태가 바로 우리의 모습이다.

6. 복음을 받아들이지 못한다(엡 4:18; 고전 2:14 참조).

고린도전서 2장 14절에서, 바울은 이러한 우리의 죽은 상태와 굳은 마음이 우리가 못하는 일에 대해 무엇을 암시하는지 또 한번 보여 준다. "육에 속한 사람[거듭나지 않은 사람]은 하나님의 성령의 일들을 받지 아니하나니 이는 그것들이 그에게는 어리석게 보임이요 또 그는 그것들을 알 수도 없나니 그러한 일은 영적으로 분별되기 때문이라."

문제는 하나님의 일들이 그의 지성을 초월한다는 게 아니다. 문제는 그가 하나님의 일들을 어리석게 본다는 것이다. "육에 속한 사람은 하나님의 성령의 일들을 받지 아니하나니 이는 그것들이 그에게는 어리석게 보임이라."

사실, 하나님의 일들이 그에게는 아주 어리석게 보이기 때문에 그는 이것들을 이해하지 못한다. 이것은 육체적인 불가능이 아니라 도덕적 불가능이라는 데 주목하라. 바울은 "육에 속한 사람은 …… 그것들을 알 수도 없나니"라고 말한다. 이것은 마음이 그것들을 강력히 거부하기 때문에 머리가 그것들을 어리석게 봄으로써 마음의 거부를 정당화한다는 뜻이다. 이러한 거부가 너무 심해 마음이 실제로 성령의 일들을 받아들이지 못한다. 이것이 진짜 무능(無能)인데, 다만 강요된 무능은 아니다.

거듭나지 못한 사람이 성령의 일을 못 받아들이는 이유는 받아들이려 하지 않기 때문이다. 그는 죄를 더 좋아하기 때문에 선을 택하지 못한다. 이것이 진짜 속박이며 무서운 속박이요, 또한 무죄한 속박이 아니다.

7. 그리스도께 나오지 못하고 그분을 주님으로 영접하지도 못한다(요 6:44, 65; 고전 12:3 참조).

고린도전서 12장 3절에서, 바울은 "성령으로 아니하고는 누구든지 예수를 주시라 할 수 없느니라"고 선언한다. 바울의 말은 무대의 배우나 교회의 위선자가 성령의 도움 없이 '예수는 주!'라고 말하지 못한다는 그런 뜻이 아니다. 그 누구도 성령으로 나지 않고는 마음을 담아 진심으로 '예수는 주!'라고 하지 못한다는 뜻이다.

죽었으며, 지각이 어두우며, 돌처럼 단단하며, 거역하는 마음이 거듭나지 않은 상태에서는 '예수는 내 삶의 주인입니다!'라고 고백하기란 도덕적으로 불가능하다.

또는 예수님이 요한복음 6장에서 세 차례 말씀하시듯이, 아버지께서 이끄시지 않으면 그 누구도 예수님께 나오지 못한다. 이러한 이끄심이 한 사람을 그리스도와의 살아 있는 관계로 인도할 때, 이것을 거듭남이라 한다. "아버지께서 내게 주시는 자는 다 내게로 올 것이요 …… 나를 보내신 아버지께서 이끌지 아니하시면 아무도 내게 올 수 없으니 …… 내 아버지께서 오게 하여 주지 아니하시면 누구든지 내게 올 수 없다"(요 6:37, 44, 65).

이끄심(drawing), 하여 주심(granting), 주심(giving) 같은 놀라운 역사는 한 사람이 거듭날 때 하나님께서 하시는 일이다. 이것들이 없으면, 우리는 그리스도께 나아가지 않는다. 그분께 나아가기를 좋아하지 않기 때문이다. 우리는 자신을 의지하길 훨씬 좋아하며, 따라서 그분께 나아가지 못하는 것이다. 이것이 거듭남을 통해 변해야 하는 부분이다. 거듭날 때, 우리는 새로운 선호(選好), 새로운 능력을 받는다.

놀라운 희망의 말씀이 넘치는 에베소서 2장 4-5절을 다시 보자. "긍휼이 풍성하신 하나님이 우리를 사랑하신 그 큰 사랑을 인하여 허물로 죽은 우리를 그리스도와 함께 살리셨고 (너희는 은혜로 구원을 받은 것이라)."

이 말씀에 반응하는 방법은 두 가지다. 하나는 이론적이고 비인격적인 반응이며, 다른 하나는 인격적이며 절박한 반응이다. 전자(前者)는 멀찍이 서서 말한다. "어떻게 이럴 수 있어? 말도 안 돼!"

후자(後者)는 이렇게 말한다. "하나님이 나를 오늘 여기로 인도하셨어. 하나님이 오늘 이 본문을 통해 내게 말씀하셨어! 오늘 내게 하나님의 자비와 사랑과 은혜가 얼마나 간절히 필요하며, 오늘 내게 임한 하나님의 자비와 사랑과 은혜가 얼마나 아름다운지 몰라!

하나님, 나를 이곳으로 인도하시고 나를 깨우시며 굳은 나의 마음을 부드럽게 하시고 닫힌 나의 눈을 열어 주신 놀라운 은혜 앞에 엎드립니다. 풍성한 자비와 크나큰 사랑과 놀라운 은혜 베푸시니 감사합니다."

8. 죄의 종이다(롬 6:17 참조).

에베소서 2장 4-5절에서 "하나님이 우리를 …… 살리셨"다는 말씀은 사실상 거듭남과 같다고 했다. 바울은 우리에게 거듭남의 기적이 필요한 까닭은 우리가 죽었기 때문이라고 말한다. "하나님이 …… 허물로 죽은 우리를 그리스도와 함께 살리셨고."

우리에게 필요한 것은 바로 이것이다. 우리에게는 마음에 영적 생명이 창조되는 기적이 필요하다. 우리에게 이러한 기적이 필요한 이유는 우리 자신이 영적으로 죽었기 때문이다.

우리는 참모습 그대로인 그리스도의 아름다움과 가치를 보지 못하고 맛보지 못한다. 거듭나지 못한 사람들은 바울처럼 "모든 것을 해로 여김은 내 주 그리스도 예수를 아는 지식이 가장 고상하기 때문이라"(빌 3:8)고 말하지 못한다.

우리 '죄'의 본성을 알지 못하면 '나 같은 죄인 살리신 주 은혜 놀라워'라는 참으로 놀라운 찬양을 마음을 다해 드리지 못한다. 존 뉴튼은 자신의 마음을 알았다. 그가 이 찬송을 쓸 수 있었던 이유도 자신의 마음을 알았기 때문이다.

바울은 우리가 죄의 종에서 해방되었음을 축하하면서 하나님께 감사한다. "하나님께 감사하리로다 너희가 본래 죄의 종이더니 너희에게 전하여 준 바 교훈의 본을 마음으로 순종하여."

우리는 전에 죄를 너무 사랑해서 죄를 떠나지도 못했고 죄를 죽이지도 못했다. 그런데 엄청난 일이 일어났다. 우리가 거듭난 것이다. 하나님이 우리에게 영적 새 생명을, 죄를 미워하고 의를 사랑하는 새 본성을 주셨다. 그래서 바울은 이 놀라운 해방에 대해 사람이 아니라 하나님께 감사한다.

하나님이 우리를 영적 죽음에서 일으키시고, 죄를 죽이며 거룩해지는 것을 기뻐하는 생명을 주실 때까지, 우리는 종이며 자유롭지 못하다. 거듭남이 반드시 필요한 이유가 여기 있다.

9. 사탄의 종이다 (엡 2:1-2; 딤후 2:24-25 참조).

이것은 영적 죽음에 관한 무서운 사실 가운데 하나다. 죽은 우리가 사탄에게 아무 반응도 안 하는 게 아니다. 오히려 사탄과 완벽하게 죽이 맞아 행동을 한다. 바울이 에베소서 2장 1-2절에서 죽은 우리 상태를 어떤 식으로 묘사하는지 보라. "그는 허물과 죄로 죽었던 너희를 살리셨도다 그때에 너희는 그 가운데서 행하여 이 세상 풍조를 따르고 공중의 권세 잡은 자를 따랐으니 곧 지금 불순종의 아들들 가운데서 역사하는 영이라."

바꾸어 말하면, 거듭나지 못한 사람의 특징은 공중의 권세 잡은 자를 "따라"(accord with, "순종하며"-현대인의 성경) 선택한다는 것이다. 어쩌면 거듭나지 못한 자들은 사탄이라는 개념 자체를 비웃을지 모른다. 그런데 한 가지 알아두어야 할 것은 거짓의 아비의 존재를 부정하는 행위만큼 거짓의 아비와 죽이 잘 맞는 게 없다는 사실이다.

사탄에게 속박된 모습을 가장 분명하게 보여 주는 구절은 디모데후서 2장 24-26절이다. 이 구절은 사람들을 마귀의 속박에서 해방시키는 방법에 관해 사역자들에게 주는 권고다.

"주의 종은 마땅히 다투지 아니하고 모든 사람에 대하여 온유하며 가르치기를 잘하며 참으며 거역하는 자를 온유함으로 훈계할지니 혹 하나님이 그들에게 회개함을 주사 진리를 알게 하실까 하며 그들로 깨어 마귀의 올무에서 벗어나 하나님께 사로잡힌 바 되어 그 뜻을 따르게 하실까 함이라."

바울은 "혹 하나님이 그들에게 회개함을 주사 진리를 알게 하실까 하며"라고 말하는데, 이것은 거듭날 때 일어난다. 이것이 사람들을 사탄의 올무에서 해방시키는 비결이다. 하나님은 회개하게 하신다. 다시 말해, 하나님은 죄의 더러움과 위험을 보며 그리스도의 아름다움과 가치를 보는 생명을 일깨우신다. 이러한 진리가 사탄에게 사로잡힌 자를 자유하게 한다.

이것은 다음과 같은 순간에 일어난다. 어떤 사람이 어둠 속에서 목에 걸린 흑단 브로치를 만지작거리는데 갑자기 불이 켜진다. 그 순간, 자신이 만지작거리던 게 브로치가 아니라 바퀴벌레라는 걸 알고 소스라치게 놀라며 던져 버린다. 바로 이렇게 사람들은 사탄에게서 해방된다. 하나님이 거듭남의 기적을 일으키실 때까지, 우리는 거짓 아비에게 사로잡혀 있을 수밖에 없다.

우리는 무엇이든 자신이 원하는 대로 생각하고, 자신에게 유리한 쪽으로 말할 수 있기를 바란다. 그렇다 보니 하나님께서 빛의 세계로 부르시는데도 어둠 속에서 부드러운 바퀴벌레와 보송보송한 독거미를 계속 만지작거리면서 엉뚱한 생각에만 빠져 있다.

10. 우리 안에 선한 것이 거하지 않는다(롬 7:18 참조).

자신은 실제로 선한 일을 많이 하고 있고, 한편 마음만 먹으면 악한 짓을 지금보다 훨씬 더 많이 할 수도 있음을 아주 잘 아는 거듭나지 못한 사람들로서는 이해하기 어려운 말이다. 하나님이 지으셨고 유지하시는 모든 선한 것들이 하나님의 은혜를 의지하고 그분의 영광을 추구하는 방향으로 이루어지지 않으면 모두 무너지고 만다. 이러한 확신이 없다면, 다시 말해 거듭나지 않으면 우리 안에 선한 게 없다는 말을 도저히 이해하지 못한다.

물론, 어떤 의미에서 인간(목숨, 뜻, 마음, 뇌, 눈, 손)과 인간이 만든 사회적 구조물(결혼, 가족, 정부, 기업)은 모두 선하다. 하나님이 이것들을 지으셨고 세우시며 유지하시기 때문이다. 그리고 이것들은 꼭 있어야 한다. 다만 이것들은 모두 하나님의 영광을 위해 있다.

하나님은 우리에게 마음을 다하고, 목숨을 다하고, 뜻을 다하여 그분을 사랑하라고 명하신다(마 22:37 참조). 하나님은 우리에게 그분이 지으신 모든 것을 그분의 은혜를 의지하여 사용하며, 그분의 가치를 나타내기 위해 사용하라고 명하신다(벧전 4:11 참조).

그런데 만약 하나님이 지으신 모든 것을 하나님의 은혜를 의지하지 않은 채, 그분의 가치를 나타내려는 목적 없이 사용하는 사람들이 있다면, 이들의 행위는 돈 때문에 몸을 팔 듯이 그렇게 하나님의 피조물을 파는 짓이다. 이들은 하나님의 피조물을 불신앙의 도구로 삼는 자들이며, 하나님의 피조물을 파괴하는 자들이다.

그러므로 바울이 로마서 7장 18절에서 "내 속 곧 내 육신에 선한 것이 거하지 아니하는 줄을 아노니"라고 말할 때 "곧 내 육신에"라고 덧붙이는 이유가 여기 있다. 바울이 거듭난 후, 그의 속에는 마침내 선한 것이 자리했다. 믿음이 선하고, 성령이 선했다. 새로운 영적 본성이 선했다. 자라나는 거룩이 선했다.

그러나 그의 육신에는, 거듭나지 못한 본래의 바울 속에는 선한 것이 없었다. 선하게 창조된 모든 것이 하나님 중심적인 일이 아니라, 인간 중심적인 일의 종이 됨으로써 파괴되어 버렸다.

이상이 거듭나지 못한 사람들의 열 가지 상태다. 거듭나기 전, 우리를 바울이 에베소서 2장 12절에서 사용한 표현을 빌려 말할 수 있다. "그리스도 밖에 있었고 이스라엘 나라 밖의 사람이라 약속의 언약들에 대하여는 외인이요 세상에서 소망이 없고 하나님도 없는 자"였다.

우리가 반드시 거듭나야 하는 이유가 여기 있다. 거듭나지 않으면 우리에게는 소망이 없는데, 이러한 상태는 우리가 도덕적으로 나아진다고 바뀌지 않는다.

죽은 사람들은 아무것도 하지 못한다. 죽은 사람들이 무슨 일이라도 할 수 있으려면 먼저 한 가지가 필요하다. 살아나야 한다. 거듭나야 한다.

태초부터 있는 생명의 말씀에

관하여는 우리가 들은 바요 눈으로 본 바요
자세히 보고 우리의 손으로 만진 바라 이 생명이 나타내신 바 된지라 이 영
원한 생명을 우리가 보았고 증언하여 너희에게 전하노니 이는 아버지와 함
께 계시다가 우리에게 나타내신 바 된 이시니라 우리가 보고 들은 바를 너
희에게도 전함은 너희로 우리와 사귐이 있게 하려 함이니 우리의 사귐은 아
버지와 그의 아들 예수 그리스도와 더불어 누림이라 우리가 이것을 씀은 우
리의 기쁨이 충만하게 하려 함이라 우리가 그에게서 듣고 너희에게 전하는
소식은 이것이니 곧 하나님은 빛이시라 그에게는 어둠이 조금도 없으시다
는 것이니라 만일 우리가 하나님과 사귐이 있다 하고 어둠에 행하면 거짓말
을 하고 진리를 행하지 아니함이거니와

그가 빛 가운데 계신 것 같이 우리도 빛 가운데 행하면 우리가 서로 사귐이
있고 그 아들 예수의 피가 우리를 모든 죄에서 깨끗하게 하실 것이요 만일
우리가 죄가 없다고 말하면 스스로 속이고 또 진리가 우리 속에 있지 아니
할 것이요 만일 우리가 우리 죄를 자백하면 그는 미쁘시고 의로우사 우리
죄를 사하시며 우리를 모든 불의에서 깨끗하게 하실 것이요 만일 우리가 범
죄하지 아니하였다 하면 하나님을 거짓말하는 이로 만드는 것이니 또한 그
의 말씀이 우리 속에 있지 아니하니라 _요일 1:1-10

거듭나지 않으면 복된 미래를 놓친다

성육신이 없으면, 아들이나 아버지와의 연합도 없고,
거듭남도, 구원도 없다.

지금까지 '왜 거듭나야 하는가?'라는 질문을 절반밖에 살펴보지 못했다. 사실 이 질문은 두 가지 의미를 갖는다. 우리가 지금까지 대답한 질문은 다음과 같다. 왜 나는 영적 생명이 없으며, 왜 내 힘으로 영적 생명을 얻지 못하는가? 우리가 내놓은 대답은 '우리가 거역하며, 이기적이고, 지나치게 요구하며, 강퍅하며, 영적인 것들을 거부하고, 그리스도의 아름다움과 가치를 보지 못하며 따라서 생명을 얻으러 그분께 나오지 못한다'는 것이었다. 이것이 우리를 살리기 위한 하나님의 초자연적 역사가 반드시 필요한 이유다. 우리는 거듭나야 한다. 이것이 '왜 거듭남이 꼭 필요한가?'라고 묻는 첫째 방식이다.

이어서 다른 한 가지 방식을 소개하고자 한다. 이 질문은 이런 뜻이기도 하다. 당신이 거듭나야 하는 것은 무엇을 위해서인가? 거듭남은 당신이 미래에 필요한 그 무엇을 주는가? 당신이 거듭나지 않으면 갖지 못하는 것은 무엇인가?

첫째 방식은 과거를 돌아보며 우리의 현재 상태가 어떻기에 반드시 거듭나야 하느냐고 묻는다. 둘째 방식은 미래를 내다보며 오직 거듭남만이 줄 수 있는 미래의 기쁨을 누리기 위해 반드시 일어나야 할 일이 무엇인지 묻는다.

거듭나지 않으면 놓치는 것들 🍃

우리가 거듭나지 않으면 얻지 못하는 것들은 무엇인가? 예수님의 대답은 간단하면서도 거침이 없으며 당혹스럽기까지 하다. "진실로 진실로 네게 이르노니 사람이 거듭나지 아니하면 하나님의 나라를 볼 수 없느니라"(요 3:3).

거듭나지 않으면 하나님 나라를 못 본다. 다시 말해, 천국에 못 들어간다. 영원히 멸망한다. 거듭나지 않으면 못 갖는 게 무엇인가? 선한 것을 전혀 못 갖는다. 영원히 고통 받을 뿐이다.

왜 그런지 이유를 아는 것이 중요하다. 우리는 하나님이 거듭남을 통해 우리를 구원하시는 방법을, 하나님이 우리를 천국에 들이시는 방법을 알아야 한다. 또한 거듭남과 하나님이 우리를 구원하시려고 예수 그리스도의 죽음과 부활을 통해 하신 일이 무슨 관련이 있는지 알아야 한다.

그래서 이 질문에 서로 연관된 다섯 가지 대답을, 처음에는 부정의 형태로, 그 다음에는 긍정의 형태로 제시하겠다.

다음은 이 질문에 부정의 형태로 답한 내용이다.

1. 거듭나지 않으면, 구원 받는 믿음을 갖지 못하고 불신앙만 가질 뿐이다(요 1:11-13; 요일 5:1; 엡 2:8-9; 빌 1:29; 딤전 1:14; 딤후 1:3 참조).

2. 거듭나지 않으면, 의롭다 함을 얻지 못하고 정죄를 받을 뿐이다(롬 8:1; 고후 5:21; 갈 2:17; 빌 3:9 참조).

3. 거듭나지 않으면, 하나님의 자녀가 되지 못하고 사탄의 자녀일 뿐이다(요일 3:9-10 참조).

4. 거듭나지 않으면, 성령의 도움으로 사랑의 열매를 맺지 못하고, 사망의 열매를 맺을 뿐이다(롬 6:20-21; 7:4-6; 15:16; 고전 1:2; 고후 5:17; 엡 2:10; 갈 5:6; 살후 2:13; 벧전 1:2; 요일 3:14 참조).

5. 거듭나지 않으면, 하나님과의 교제를 통해 영원한 기쁨을 누리지 못하고, 사탄과 그의 사자들과 함께 영원한 비극에 빠질 뿐이다(마 25:41; 요 3:3; 롬 6:23; 계 2:11; 20:15 참조).

자신을 알고 그리스도와 구원의 위대함을 알려면, 거듭남이 이러한 다섯 가지 운명과 어떤 관련이 있는지 알아야 한다. 이 다섯 가지 내용들을 한 번 더, 이번에는 긍정의 형태이자 성경말씀으로 간략히 풀어보겠다. 하나하나가 앞의 것들을 어떻게 토대로 삼는지 눈여겨보기를 바란다.

1. 하나님은 우리를 거듭나게 하실 때, 구원 받는 믿음을 일깨 우시며 우리를 그리스도와 연합시키신다. "예수께서 그리 스도이심을 믿는 자마다 하나님께로부터 난 자니 또한 낳 으신 이를 사랑하는 자마다 그에게서 난 자를 사랑하느니 라"(요일 5:1). 이들은 앞으로 하나님께로부터 날 자들이 아니 라, 이미 하나님께로부터 난 자들이다. 우리의 첫 믿음은 거 듭남을 통해 주시는 생명의 불씨인 것이다.

2. 거듭남이 믿음을 일깨우고 우리를 그리스도와 연합시킬 때, 우리는 믿음을 통해 의롭다 하심을 받는다. 다시 말해, 의롭 다고 간주된다. "그러므로 우리가 믿음으로 의롭다 하심을 받았으니 우리 주 예수 그리스도로 말미암아 하나님과 화평 을 누리자"(롬 5:1). 거듭남은 믿음을 일깨우며, 믿음은 의(義) 를 얻으려고 그리스도를 바라보며, 하나님은 오직 그리스도 를 토대로, 오직 믿음을 통해 의를 우리에게 돌리신다.

3. 거듭남이 믿음을 일깨우고 우리를 그리스도와 연합시킬 때, 하나님이 우리를 받아들이지 못하게 하는 모든 법적 장애물 이 칭의를 통해 제거된다. 그래서 하나님은 우리를 자녀로 입양하시고 우리로 아들의 형상을 닮게 하신다. "영접하는 자 곧 그 이름을 믿는 자들에게는 하나님의 자녀가 되는 권 세를 주셨으니 이는 혈통으로나 육정으로나 사람의 뜻으로 나지 아니하고 오직 하나님께로부터 난 자들이니라"(요

1:12-13). 우리는 인간의 뜻으로 나지 않았고 하나님께로부터 났으며, 그리스도를 믿고 영접한다. 또한 하나님은 우리를 자신의 법적 상속자이자 영적 자녀로 삼으신다.

4. 거듭남이 믿음을 일깨우고, 우리가 그리스도와 연합하며 모든 정죄가 칭의로 대체되며, 우리로 하나님의 자녀가 되게 하시는 성령께서 우리 삶에 들어오실 때, 그 영은 사랑의 열매를 내신다. "그리스도 예수 안에서는 할례나 무할례나 효력이 없으되 사랑으로써 역사하는 믿음뿐이니라"(갈 5:6). "우리는 형제를 사랑함으로 사망에서 옮겨 생명으로 들어간 줄을 알거니와"(요일 3:14). 거듭남이 있는 곳에 사랑이 있다.

5. 거듭남이 믿음을 일깨우고 우리를 우리의 의이신 그리스도와 연합시키며 거룩하게 하는 성령의 능력의 물꼬를 틀 때, 우리는 마침내 천국으로 향하는 좁은 길에 들어선다. 천국 기쁨의 절정은 영원히 계속되는 하나님과의 교제일 것이다. "영생은 곧 유일하신 참 하나님과 그가 보내신 자 예수 그리스도를 아는 것이니이다"(요 17:3). 우리의 새 생명이 주는 기쁨의 절정은 하나님 바로 그분이다.

바로 이것이 거듭나지 않으면 놓치는 것들이다. 우리가 반드시 거듭나야 하는 이유는 거듭나지 않으면 죽은 자이기 때문이며, 더 나아가 모든 좋은 것을 영원히 놓치기 때문이다.

예수님이 "네가 반드시 거듭나야 하리라"(요 3:3, 7, NIV).
이렇게 말씀하신 이유가 여기 있다.

하나님의 크신 사랑 🍃

본장(本章)을 성탄절 무렵에 쓰기 시작했다. 그래서 본장에서는 동시에 두 가지를 시도했다. 그리스도의 성육신과 중생을 연결하면서ㅡ성탄절이 바로 이 둘의 연결이다ㅡ'거듭나지 않으면 무엇을 놓치는가?'라는 질문을 생각해 보고자 한다. 이 둘을 염두에 두고 본장을 읽으면 이해가 훨씬 쉬울 것이다.

요한일서 3장 1-10절은 왜 성탄절이 있는지, 왜 하나님의 아들이요 영원하신 분이 인간으로 세상에 오셨는지 두 번에 걸쳐 설명한다. 요한은 5절에서 "그가 우리 죄를 없애려고 나타나신 것을 너희가 아나니 그에게는 죄가 없느니라"고 말한다. 여기서 그리스도의 무죄하심(sinlessness)을 확인할 수 있다. 그분이 오신 이유도 확인할 수 있다. "그가 우리 죄를 없애려고 나타나신 것을."

다음으로, 요한은 8절 후반부에서 "하나님의 아들이 나타나신 것은 마귀의 일을 멸하려 하심이라"고 말한다. 요한은 "마귀의 일"을 말할 때 마귀가 조장하는 죄를 구체적으로 염두에 둔다. 8절 전반부에서 이것을 확인할 수 있다. "죄를 짓는 자는 마귀에게 속하나니 마귀는 처음부터 범죄함이라." 그러므로 예수님이 멸하러 오신 마귀의 일이란 바로 죄의 일이다.

요한은 하나님의 아들이 인간이 되신 목적은 죄를 없애는 데 있다고 두 번에 걸쳐 말한다. 예수님이 성령으로 처녀의 몸에서 나시고(마 1:18, 20 참조), "지혜와 키가 자라 가며 하나님과 사람에게 더욱 사랑스러워 가시"(눅 2:52)며, 십자가에 달려 죽기까지 완전하게 순종하시고, 모든 삶과 사역에서 죄를 전혀 짓지 않으신 것은(빌 2:5-8; 히 4:15 참조) 마귀의 일을 멸하기 위해서였던 것이다.

우리가 던진 질문 가운데 이런 게 있었다. 예수님의 탄생과 우리의 거듭남은 어떤 관계인가? 예수님의 성육신과 우리의 중생은 어떤 관계인가? 이 질문에 답하기 위해, 앞에서 말한 내용과 본장(本章)의 본문인 요한일서 3장 1–10절을 잇는 다리를 놓아 보자.

앞서 '왜 우리가 거듭나야 하는가?'라는 물음에 답하는 두 가지 방식이 있다. 하나는 죄에 빠진 우리의 비참한 상태를 돌아보는 것이며, 다른 하나는 거듭나지 않으면 놓칠 놀라운 것들을 내다보는 것이라고 했다. 그러면서 '왜 우리가 거듭나야 하는가?'라는 질문에 거듭나지 않았을 때 우리가 어떠했는지 돌아보면서 열 가지 대답을 제시했다. 그런 후, '왜 우리가 거듭나야 하는가?'라는 물음에 거듭나지 않으면 무엇을 놓치는지 내다보면서 다섯 가지 대답을 제시했다.

이 내용과 본장의 본문인 요한일서 3장을 잇는 다리는 하나님과 원수 관계이며 허물과 죄로 죽은 사람들에게 생명을 주는 하나님의 크신 사랑이다. 에베소서 2장 4-5절은 이것을 이렇게 표현한다. "긍휼이 풍성하신 하나님이 우리를 사랑하신 그 큰 사랑을 인하여 허물로 죽은 우리를 그리스도와 함께 살리셨고 (너희는 은혜로 구원을 받은 것이라)."

하나님의 사랑은 하나님께 전혀 요구할 자격이 없는 사람들에게 영적 생명, 곧 거듭남을 준다는 점에서 더욱 커 보인다. 우리는 영적으로 죽었으며, 죽은 상태에서 하나님의 대적 사탄을 따랐다(엡 2:2 참조). 우리가 이런 상태로 영원히 멸망했다면 하나님의 공의가 잘 실현됐을 것이다. 그러나 바로 이런 이유 때문에 우리의 거듭남, 곧 하나님이 우리를 살리신 일은 하나님의 사랑이 얼마나 크고 놀라운지 잘 보여 주는 사건이다. 우리의 영적 생명과 그 생명의 모든 박동은 하나님이 주신 크고 값없는 사랑의 산물이다.

이것이 요한일서 3장 1-2절로, 아직 자신의 자녀가 아닌 자들을 향한 하나님의 큰 사랑으로 이어지는 다리다.

> "보라 아버지께서 어떠한 사랑을 우리에게 베푸사 하나님의
> 자녀라 일컬음을 받게 하셨는가 우리가 그러하도다 그러므로
> 세상이 우리를 알지 못함은 그를 알지 못함이라 사랑하는 자들
> 아 우리가 지금은 하나님의 자녀라 장래에 어떻게 될지는 아직
> 나타나지 아니하였으나 그가 나타나시면 우리가 그와 같을 줄
> 을 아는 것은 그의 참모습 그대로 볼 것이기 때문이니."

이 본문을 에베소서 2장 4절이 표현하는 하나님의 크신 사랑과 연결하며, 앞장에서 살펴본 '왜 우리가 거듭나야 하는가?'라는 질문과 연결하는 네 가지 고찰을 살펴보자.

첫째, 1절에서 우리가 하나님의 자녀라 "일컬음을 받는다"는 말은 우리가 이미 하나님의 자녀였으나 그렇게 불리지 않다가 나중에 하나님이 우리를 그렇게 부르셨다는 뜻이 아니다. 우리는 하나님의 자녀가 아니었다는 뜻이다. 우리는 죽었고 하나님의 자녀가 아니었다. 그

때 하나님이 우리를 자녀라고 부르셨고, 우리는 하나님의 자녀가 되었다.

"우리가 그러하도다"라는 말에 주목하라. "[우리가] 하나님의 자녀라 일컬음을 받게 하셨는가 우리가 그러하도다"(1절). 핵심은 하나님이 우리를 자녀 삼으셨다는 것이다. 하나님은 주권적인 부르심을 통해, 죽은 나사로를 살리신 바로 그 방법으로 우리를 자녀 삼으셨다. 그리고 부르심은 생명을 준다(요 11:43 참조). 이것이 거듭남이다.

둘째, 에베소서 2장 4-5절에서와 똑같이 요한일서 3장에서도, 우리가 거듭나 하나님의 자녀가 된 것은 하나님의 크신 사랑 때문이다. "보라[놀랍도다!] 아버지께서 어떠한 사랑을 우리에게 베푸사 하나님의 자녀라 일컬음을 받게 하셨는가"(1절).

우리처럼 하나님을 배반하며, 죽었으며, 반응을 모르는 죄의 종들이 살아나고 거듭나며 하나님의 자녀라고 불리다니! 바울도 놀랐고, 요한도 놀랐으며, 우리도 놀라 마땅하다. 요한은 이것이 얼마나 놀라운 사건인지 우리가 느끼길 원한다. 그래서 그는 "보라"는 말로 시작한다.

셋째, 놀라운 하나님의 사랑이 죽은 우리에게 생명을 주어 우리로 거듭나 하나님의 자녀가 되게 했을 뿐 아니라, 우리가 마지막에 하나님 앞에서 완전해지리라고 보장한다. 2절이 우리를 향한 하나님의 사랑과 우리가 하나님의 자녀로서 누리는 현재의 삶, 그리고 우리가 갈망하는 미래 이 세 가지를 어떻게 연결하는지 그 방식을 주목하라. "사랑하는 자들아 우리가 지금은 하나님의 자녀라 장래에 어떻게 될지는 아직 나타나지 아니하였으나 그가 나타나시면 우리가 그와 같을 줄을 아는 것은 그의 참모습 그대로 볼 것이기 때문이니"(요일 3:2).

요한은 우리의 현재 모습과 그리스도께서 오실 때의 모습 사이에서 끊지 못할 연결고리를 발견한다. 요한은 이것을 "우리가 …… 안다"는 말로 표현한다. "우리가 지금은 하나님의 자녀라 장래에 어떻게 될 지는 아직 나타나지 아니하였으나[그리스도께서 다시 오실 때 우리는 그분을 완벽하게 닮게 된다] 그가 나타나시면 우리가 그와 같을 줄을 아는 것은."

우리의 자녀 됨이 완전해질 때가 분명히 온다는 뜻이다. 우리는 이 것을 안다. 어떻게 아는가? 하나님의 사랑 때문에 지금 우리는 하나님의 자녀다. 이제 하나님의 가족으로서 우리에게 남은 일은 예수님과 얼굴을 마주할 때 완전하게 변화되는 것이다. 예수님이 오시면, 하나님의 모든 자녀들이 완전히 변화될 것이다.

앞에서 이렇게 물었다. 우리가 거듭나지 않으면 무엇을 놓치는가? 이제 요한이 이 질문을 어떻게 다루는지 알 수 있다. 따라서 우리의 네 번째 관찰의 목적은 간단하다. 우리가 지금까지 말한 내용이 내포하는 의미를 분명히 밝히는 것이다.

거듭남은 우리가 장차 그리스도 앞에서 완전해지기 위한 필수 전제조건이자 이러한 완전해짐을 약속하는 보증이다. 예수님의 방식으로 표현하면 이렇다. "진실로 진실로 네게 이르노니 사람이 물과 성령으로 나지 아니하면 하나님의 나라에 들어갈 수 없느니라"(요 3:5).

그러나 거듭나면 하나님 나라를 보게 된다. 또는 요한일서 3장을 빌어 표현하면, 우리는 얼굴을 맞대고 그리스도를 보게 되며, 그분 앞에서 완전해져 기뻐하며 영원히 살게 된다.

그러므로 '왜 거듭나야 하는가?'라는 질문에 대한 요한의 대답이 여기 있다. 거듭나지 않으면 예수님을 보지 못하며 눈 깜짝할 사이에 그분의 형상으로 변화되지도 못한다. 대신 예수님이 요한복음 3장 36절에서 말씀하시듯이 하나님의 진노 아래 머문다. 또는 긍정의 문장으로 표현하면, 우리는 측량 못할 하나님의 사랑이 그리스도와의 연합을 통해 우리를 거듭나게 하고, 영적 새 생명을 우리에게 주면 그리스도께서 오실 때 우리가 그분처럼 되리라는 것을 안다. 거듭남 때문에 우리는 자신이 하나님 나라에 들어간다는 것을 안다. 이것이 우리가 반드시 거듭나야 하는 이유다.

성육신이 없으면 거듭남도 없다 🍃

그렇다면 예수님의 탄생과 우리의 거듭남은 어떤 관계인가? 하나님은 아들을 세상에 보내지 않고도 간단하게 죄인들이 거듭나게 하고 천국에서 최종적으로 자신의 성품을 닮게 하실 수는 없었는가? 하나님의 아들의 성육신과 완전한 순종의 삶과 십자가 죽음이 필요했는가?

이것이 대답이다. 예수님의 성육신과 삶과 죽음이 없다면, 성탄절과 성 금요일과 부활절이 없다면, 거듭남이 불가능하며 믿음과 칭의와 정화(purification, 다른 말로 '성화')와 천국에서 이뤄지는 예수님과의 완전한 일치를 포함해 거듭남의 모든 결과도 불가능할 것이다.

요한일서의 한 부분(3:1-2 참조)에서 이것을 어렴풋이 볼 수 있다.

첫째, 거듭남의 목적은 우리가 성육하신 예수 그리스도를 믿게 하는 것이다. 성육하신 예수 그리스도가 없다면 거듭남은 일어나지 않을 것이다. "예수께서 그리스도이심을 믿는 자마다[다시 말해, 성육한 나사렛 출신의 이 유대인을 약속된 하나님의 메시야로 믿는 자마다] 하나님께로부터 난 자니 또한 낳으신 이를 사랑하는 자마다 그에게서 난 자를 사랑하느니라"(요일 5:1).

이것은 성령께서 성육한 신인(神人)이신 예수 그리스도를 믿는 믿음을 창조할 계획으로 사람들을 거듭나게 하셨다는 뜻이다(요일 4:2-3 참조). 이것이 거듭남의 목적이다. 그러므로 예수 그리스도를 믿는 믿음은 거듭남의 첫째 증거요, 표시다.

그러나 거듭남을 위해 성육신이 필요한 것은 이런 이유 때문만은 아니다. 하나님의 아들이 육신이 되셔야 했던 이유는 우리가 거듭남으로 얻는 생명이 성육하신 그리스도와의 연합을 통해 얻는 생명이기도 하기 때문이다. 예수님은 이렇게 말씀하셨다. "나는 하늘에서 내려온 살아 있는 떡이니 사람이 이 떡을 먹으면 영생하리라 내가 줄 떡은 곧 세상의 생명을 위한 내 살이니라"(요 6:51).

우리가 그리스도와의 연합을 통해 얻은 생명은 예수님이 육체로 계실 때 우리를 위해 삶과 죽음을 통해 획득하신 생명이다.

요한일서 5장 10-12절을 보라. 특히 이 구절을 읽을 때, 하나님의 아들이 성육하신 아들이라는 사실을 기억하라. "하나님의 아들을 믿는 자는 자기 안에 증거가 있고 …… 또 증거는 이것이니 하나님이 우리에게 영생을 주신 것과 이 생명이 그의 아들 안에 있는 그것이니라 아들이 있는 자에게는 생명이 있고 하나님의 아들이 없는 자에게는 생명이 없느니라."

달리 말하면, 거듭남은 우리를 예수 그리스도와 영적으로 연결함으로써 우리에게 생명을 준다. 예수 그리스도는 우리의 생명인 것이다. 우리 안에 계신 그리스도의 새 생명은 수반되는 모든 변화와 더불어 우리가 하나님의 자녀라는 하나님의 증언이다. 이 생명은 성육하신 하나님의 아들의 생명이다. "말씀이 육신이 되어 우리 가운데 거하시매 …… 우리가 다 그[성육하신 분]의 충만한 데서 받으니 은혜 위에 은혜러라"(요 1:14-16). 이것이 거듭남이며 새 생명이다.

성육신이 없으면 두 가지 이유 때문에 거듭남도 없다.

1. 성육신이 없으면, 보고 또 믿을 성육하신 예수 그리스도가 없으나 사실은 그분을 보고 또 믿는 것이 거듭남의 목적이다. 그러므로 거듭남도 없다.
2. 성육신이 없으면, 우리와 성육하신 그리스도 간에 생명의 연합이나 연결도 없으며, 따라서 구원하고 용서하는 새 생명의 근원이 없기에 거듭남도 없다.

기독교는 형태 없이 다양한 종교를 떠도는 그런 영성이 아니다. 기독교의 뿌리는 예수 그리스도라는 역사적 인물이다. 그러므로 성경은 말한다.

"아들이 있는 자에게는 생명이 있고 하나님의 아들이 없는 자에게는 생명이 없느니라"(요일 5:12).

"아들을 공경하지 아니하는 자는 그를 보내신 아버지도 공경하지 아니하느니라"(요 5:23).

예수님은 "나를 저버리는 자는 나 보내신 이를 저버리는 것이라"(눅

10:16)고 말씀하셨다.

성육신이 없으면, 아들이나 아버지와의 연합도 없고 거듭남도 없다. 구원도 없다.

성육신과 성화, 그리고 칭의

하나님의 아들이 메시야로 성육신하지 않으셨다면, 중생도 없고, 구원하는 믿음도 없다. 칭의도 없고 성화도 없다. 이것들이 없으면, 최종적 영화(榮化, glorification)도 없다. 칭의와 성화의 관계는 요한일서 3장 3-5절에서 확인할 수 있다.

> "주를 향하여 이 소망을 가진 자마다[다시 말해, 그리스도께서 오실 때 자신이 그분처럼 되리라고 확신하는 하나님의 자녀마다] 그의 깨끗하심과 같이 자기를 깨끗하게 하느니라 죄를 짓는 자마다 불법을 행하나니 죄는 불법이라 그가 우리 죄를 없애려고 나타나신 것을 너희가 아나니 그에게는 죄가 없느니라."

칭의와 성화 모두 이 구절에 암시된다. 성화는 분명하다. 요한은 3장 2절에서 말한다. "너희가 거듭남을 체험하면 그리스도께서 나타나실 날을 사모하고 그분의 완전한 모양으로 변화될 날을 고대하리라." 그런 후, 요한은 3절에서 이렇게 말한다. "주를 향하여 이 소망을 가진 자마다 그의 깨끗하심과 같이 자기를 깨끗하게 하느니라."

자신이 최종적으로 깨끗하게 될 날을 사모하는 자마다 지금 깨끗함을 사랑하며, 지금 더러움을 미워하며, 지금 죄와 싸운다는 뜻이다.

이것은 거듭남이, 믿음을 일깨우며 우리가 완전히 깨끗해질 마지막 날을 사모하는 마음으로 우리를 채우는 거듭남이 우리로 깨끗함을 위해 싸우게 한다는 뜻이다. 그래서 성육신이 없으면 거듭남도 없기 때문에, 성육신이 없으면 현재의 정화도 없으며 마지막에 그리스도처럼 완전히 깨끗해지는 일도 없다.

기독교는 대부분의 종교가 표방하는 도덕적 변화를 위한 일반적인 프로그램이 없다. 기독교가 요구하는 변화는 예수 그리스도라는 역사적 인물에 뿌리를 둔다. 거듭남은 예수 그리스도를 믿는 믿음을 일깨운다. 성육신하신 예수 그리스도는 우리의 최종적 정화(성화)를 약속하신다. 그러므로 우리는 예수 그리스도께 흔들리지 않는 소망을 두고, 그분이 깨끗하듯이 자신을 깨끗이 한다.

칭의는 요한일서 3장 4-5절에 암시된다. 요한은 거듭난 사람들이라면 그리스도께서 깨끗하듯이 자신을 깨끗이 한다고 말하며, 그런 후 느닷없이 죄를 말한다. "죄를 짓는 자마다 불법을 행하나니 죄는 불법이라 그가 우리 죄를 없애려고 나타나신 것을 너희가 아나니 그에게는 죄가 없느니라."

요한은 느닷없이 "죄는 불법"이며 따라서 모든 죄는 불법이라-그리고 그리스도께서 "죄를 없애려고" 나타나셨다-고 말하는데, 이 말의 핵심은 무엇인가? 요한은 그리스도께서 우리를 죄에서 구원하실 때 행하시는 큰 일은 정화가 전부가 아니라는 점을 분명히 한다.

씻음과 성화라는 용어만으로는 우리 죄가 얼마나 크고 무서운지, 모든 죄가 불법임을 설명하기에 부족하다. 우리는 더러움만 일으키는 게 아니다. 죄도 짓고, 하나님의 진노를 사기도 하며, 하나님이 요구하는 의에 미치지도 못한다.

이런 이유 때문에 요한이 4-5절에서 "죄는 불법이라 그가 우리 죄를 없애려고 나타나신 것을 너희가 아나니"라고 말한다. '죄를 없애다'라는 말은 단순히 씻음을 의미하지 않는다. 죄에 대한 책임(형벌)을 제거하며, 죄에 마땅히 따르는 하나님의 진노를 가라앉히는 그리스도의 일을 의미한다.

그렇다면 그리스도께서는 어떻게 이 일을 하셨는가? 성육신과 삶과 죽음을 통해 하셨다. 요한일서의 다음 두 구절은 요한이 이것을 어떻게 생각하는지 보여 준다. 첫째 구절은 요한일서 4장 10절이다. "사랑은 여기 있으니 우리가 하나님을 사랑한 것이 아니요 하나님이 우리를 사랑하사 우리 죄를 속하기 위하여 화목제물로 그 아들을 보내셨음이라."

하나님은 아들을 보내 우리 대신 죽어 우리가 받아 마땅한 하나님의 진노를 대신 받게 하셨다. 이것이 유화(宥和, propitiation, 하나님의 진노를 달램─옮긴이주)다. 그리스도께서 십자가에서 죽으심으로써 하나님의 보응의 진노가 거듭난 모든 자에게서 제거되는 것이다.

둘째 구절은 요한일서 2장 1절이다. "나의 자녀들아 내가 이것을 너희에게 씀은 너희로 죄를 범하지 않게 하려 함이라 만일 누가 죄를 범하여도 아버지 앞에서 우리에게 대언자가 있으니 곧 의로우신 예수 그리스도시라."

왜 요한은 그리스도를 우리 죄 때문에 우리에게 필요한 대언자로 묘사하면서 하늘에 계신 예수님을 "의로우신 예수 그리스도"라고 부르는가? 예수 그리스도께서는 아버지 앞에 자신의 피만 아니라 자신의 의도 내세우시기 때문이다. 요한일서 3장 5절이 "그에게는 죄가 없느니라"고 말하는 이유가 여기 있다. 우리에게 없는 완전함을 예수님이 주셨다. 우리가 원하지 않는 심판을 예수님이 친히 받으셨다.

하나님의 아들이 인간이 되지 않으셨다면, 말로 표현 못할 놀라운 이 모든 소식 또한 결코 없다. 하나님의 아들이 신인이 되셨다. 말씀이 육신이 되셨다(요 1:14 참조). 성육신이 없었다면, 거듭남도 없으며, 믿음도 없으며, 칭의도 없으며, 성화도 없으며, 영화도 없다.

성탄절은 선택 사항이 아니었다. 그러므로 긍휼이 풍성하신 하나님이 우리를 사랑하신 그 큰 사랑을 인하여 우리가 허물로 죽었을 때 아들을 세상에 보내 죄 없이 살고 우리 대신 죽게 하셨다. 우리를 향한 하나님의 사랑이 얼마나 크고 놀라운가! 우리를 위한 예수 그리스도의 순종과 희생이 얼마나 크고 놀라운가! 성령께서 우리를 믿음과 영생으로 인도하려고 우리를 얼마나 크게 일깨우셨는가!

Finally
Alive

우리는 어떻게 거듭나는가

그러므로 너희 마음의 허리를
동이고 근신하여 예수 그리스도께서

나타나실 때에 너희에게 가져다주실 은혜를 온전히 바랄지어다 너희가 순종하는 자식처럼 전에 알지 못할 때에 따르던 너희 사욕을 본받지 말고 오직 너희를 부르신 거룩한 이처럼 너희도 모든 행실에 거룩한 자가 되라 기록되었으되 내가 거룩하니 너희도 거룩할지어다 하셨느니라 외모로 보시지 않고 각 사람의 행위대로 심판하시는 이를 너희가 아버지라 부른즉 너희가 나그네로 있을 때를 두려움으로 지내라 너희가 알거니와 너희 조상이 물려준 헛된 행실에서 대속함을 받은 것은 은이나 금 같이 없어질 것으로 된 것이 아니요 오직 흠 없고 점 없는 어린 양 같은 그리스도의 보배로운 피로 된 것이니라 그는 창세 전부터 미리 알린 바 되신 이나 이 말세에 너희를 위하여 나타내신 바 되었으니 너희는 그를 죽은 자 가운데서 살리시고 영광을 주신 하나님을 그리스도로 말미암아 믿는 자니 너희 믿음과 소망이 하나님께 있게 하셨느니라 너희가 진리를 순종함으로 너희 영혼을 깨끗하게 하여 거짓이 없이 형제를 사랑하기에 이르렀으니 마음으로 뜨겁게 서로 사랑하라 너희가 거듭난 것은 썩어질 씨로 된 것이 아니요 썩지 아니할 씨로 된 것이니 살아 있고 항상 있는 하나님의 말씀으로 되었느니라 그러므로 모든 육체는 풀과 같고 그 모든 영광은 풀의 꽃과 같으니 풀은 마르고 꽃은 떨어지되 오직 주의 말씀은 세세토록 있도다 하였으니 너희에게 전한 복음이 곧 이 말씀이니라 _벧전 1:13-25

하나님이 거듭나게 하신다

거듭남과 믿음 사이에는 시간적 간격이 없다.
우리는 거듭나는 그 순간 믿는다.

예수님은 하나님 나라를 보려면 거듭나야 한다고 하셨다(요 3:3 참조). 그런데 거듭남과 관련해 우리를 불안하게 하는 사실이 하나 있다. 거듭남이 우리 손에 달려 있지 않다는 것이다. 아기가 자신이 태어날지를 결정하는 게 아니듯이 우리가 자신이 거듭날지를 결정하는 게 아니다. 보다 정확히 말하면, 죽은 자들이 자신에게 생명을 줄지 결정하지 못하듯 우리가 자신이 거듭나게 할지 결정하지 못한다.

우리가 거듭나야 하는 이유는 우리는 자신의 죄와 허물로 죽었기 때문이다. 바로 이런 이유 때문에 우리는 거듭나야 하며, 바로 이런 이유 때문에 우리는 자신을 거듭나게 하지 못한다. 이것이 우리가 하나님의 주권적 은혜를 말하는 한 가지 이유다. 이것이 우리가 하나님의 주권적 은혜를 사모하는 한 가지 이유다.

거듭나기 전, 우리는 죄와 자기 높이기를 소중히 여겨 하나님을 가장 귀하게 여기지 못한다. 우리는 타락한 인간 본성의 뿌리에서 거역이 몸에 배었기 때문에 예수 그리스도를 다른 무엇보다 높이 보지 못한다. 이것이 우리 속에 눌러 앉은 진짜 악이다. 우리가 이렇게 영적으로 돌처럼 굳었고 죽은 상태인 것은 우리 탓이다.

예수님은 우리가 거듭나야 한다고 말씀하신다(요 3:3 참조). 성령께서 우리 마음에 기적을 일으켜 우리에게 영적 새 생명을 주셔야 한다. 죽어 있는 우리는 살아나야 한다. 우리에게는 진리를 최고로 갈망하는 귀가 필요하며, 그리스도와 그분이 주시는 구원을 아름답게 보는 눈이 필요하다. 우리에게는 하나님의 말씀을 받아들이는 마음이 필요하다. 간단히 말해, 우리에게는 새 생명이 필요하다. 거듭나야 한다.

지금까지 보았듯이 우리가 거듭나는 길은 성령께서 믿음을 통해 우리를 예수 그리스도와 연결함으로써 우리에게 영적 새 생명을 초자연적으로 주시는 것이다. 우리가 거듭날 때 받는 새로운 영적 생명은 그리스도와의 연합과 분리되지 않으면 믿음과도 분리되지 않는다. 하나님은 풍성한 긍휼과 큰 사랑과 주권적 은혜로 우리를 거듭나게 하실 때, 우리를 그리스도와 연합시킴으로 우리에게 새 생명을 주신다. "또 증거는 이것이니 하나님이 우리에게 영생을 주신 것과 이 생명이 그의 아들 안에 있는 그것이니라"(요일 5:11).

이와 관련된 우리의 첫 경험은 예수님을 믿는 믿음이며, 새 생명이 우리에게 이 믿음을 준다. 거듭남과 믿음 사이에는 시간적 간격이 없다. 우리는 거듭나는 그 순간 믿는다. 우리는 믿는 그 순간, 자신이 거듭났음을 안다. 불이 있으면 열이 있듯이, 새 생명을 얻는 순간 믿음도 생겨난다.

영원한 생명 🌿

지금까지 두 질문에 초점을 맞추었다. 거듭남이란 무엇인가? 왜 거듭나야 하는가? 이제 셋째 질문에 눈을 돌릴 차례다. 하나님이 우리를 거듭나게 하는 길은 무엇인가? 우리가 우리를 거듭나게 하는 길은 무엇인가? 하나님은 어떻게 우리를 거듭나게 하시는가? 우리는 거듭남에 어떻게 참여하며 어떻게 관여하는가?

당신은 어쩌면 내가 이렇게 말할 거라고 생각할 수도 있다. 우리는 영적으로 죽었기 때문에 거듭남에 전혀 참여하지 않는다. 그러나 죽은 자들도 자신의 부활에 적극 참여한다. 어쨌든 죽은 자들이 일어난다! 내 말이 무슨 뜻인지 보여 주는 예가 있다.

예수님이 죽은 지 나흘이나 지난 나사로의 무덤 앞에 서 계실 때, 나사로는 자신에게 새 생명이 주어지는 과정에 참여하지 않았다. 그는 죽었다. 나사로가 아니라 예수님이 새 생명을 창조하셨다.

요한복음 11장 43절에서, 예수님은 죽은 나사로에게 "나사로야 나오라"고 하셨다. 그 다음 절은 "죽은 자가 수족을 베로 동인 채로 나오는데"라고 말한다. 이렇게 나사로는 자신의 부활에 참여한다. 그리스도께서 이렇게 되게 하신다.

나사로가 다시 살아난다. 그리스도께서 나사로에게 일어나라고 명하시는 순간, 나사로가 일어난다. 하나님이 새 생명을 주시는 순간,

우리는 살아난다. 성령께서 믿음을 주시는 순간, 우리는 믿는다.

그러므로 바로 이런 이유 때문에, 내가 '우리는 어떻게 거듭나는 가?'라고 물을 때 두 가지 질문을 던진다. 첫째, 우리가 거듭날 때 하나님은 무엇을 하시는가? 하나님 편에서 볼 때, 우리는 어떻게 거듭나는가? 둘째, 우리가 거듭날 때 우리는 무엇을 하는가? 우리 편에서 볼 때, 우리는 어떻게 거듭나는가?

5장에서는 첫째 질문을 살펴보겠다. 하나님 편에서 볼 때, 우리는 어떻게 거듭나는가? 하나님이 우리를 거듭나게 하시는 방법은 무엇인가?

베드로전서 1장 3-25절은 이 질문에 세 가지로 답한다. 첫째, 3절은 하나님이 "예수 그리스도를 죽은 자 가운데서 부활하게 하심으로" 우리를 거듭나게 하셨다고 말한다. 둘째, 23절은 하나님이 "살아 있고 항상 있는 하나님의 말씀으로" 우리를 거듭나게 하셨다고 말한다. 또는 15절이 말하듯이 하나님이 우리를 부르셨다. 셋째, 18절은 하나님이 조상이 물려준 헛된 행실에서 우리를 대속하셨다고 말한다.

이것들을 자세히 살펴보기 전에, 세 사건을 하나님이 우리를 거듭나게 하시는 방식으로 통합하는 것이 무엇인지 주목하라. 셋 모두 하나님의 일인데, 셋 모두 불멸성(imperishability)을 언급한다. 3-4절을 보자.

> "우리 주 예수 그리스도의 아버지 하나님을 찬송하리로다 그의 많으신 긍휼대로 예수 그리스도를 죽은 자 가운데서 부활하게 하심으로 말미암아 우리를 거듭나게 하사 산 소망이 있게

하시며 썩지 않고 더럽지 않고 쇠하지 아니하는 유업을 잇게
하시나니 곧 너희를 위하여 하늘에 간직하신 것이라.”

하나님은 거듭남을 통해 우리에게 단순히 새 생명이 아니라 영원한
생명을 주려 하신다. 3절은 “우리를 거듭나게 하사 산 소망이 있게 하
시며”라고 말한다. 그러므로 여기서는 우리가 얻는 새 생명에 대한
소망이 강조된다. 이 소망은 살아 있으며 죽지 않을 것이다. 이 소망
은 ‘썩지 않을’ 유업을 얻는다. 베드로는 여기서 바로 이 점을 강조한
다. 우리가 거듭남을 통해 얻은 새 생명은 영원하다. 우리는 절대 죽
지 않는다.

그 다음으로, 18-19절에 나타나는 동일한 강조에 주목하라.

“너희가 알거니와 너희 조상이 물려 준 헛된 행실에서 대속
함을 받은 것은 은이나 금같이 없어질 것으로 된 것이 아니요
오직 흠 없고 점 없는 어린 양 같은 그리스도의 보배로운 피로
된 것이니라.”

우리에게 생명을 주기 위해 지불된 속전(贖錢)은 그리스도의 보혈이
며(19절 참조), 그리스도의 보혈은 지불될 수도 있었을 덜 귀한 은금과
대조된다. 은금이 덜 귀한 이유는 ‘없어지기’ 때문이다(18절 참조).

그러므로 여기서도 핵심은 예수님이 자신의 피를 주고 대속하신 새
생명은 다시 속박될 위험이 없다는 것이다. 예수님이 우리의 새 생명
(거듭남)을 위해 지불하신 값이 없어지지 않기 때문이다. 그리스도의

보혈은 무한한 가치를 지니며, 그 가치는 절대로 없어지지 않는다.

셋째로, 23절도 불멸성을 동일하게 강조한다는 데 주목하라. "너희가 거듭난 것은 썩어질 씨로 된 것이 아니요 썩지 아니할 씨로 된 것이니 살아 있고 항상 있는 하나님의 말씀으로 되었느니라."

그 다음으로 베드로는 24-25절에서 이사야 40장 6-8절을 인용한다. "그러므로 모든 육체는 풀과 같고 그 모든 영광은 풀의 꽃과 같으니 풀은 마르고 꽃은 떨어지되 오직 주의 말씀은 세세토록 있도다 하였으니 너희에게 전한 복음이 곧 이 말씀이니라."

그러므로 이 구절의 핵심은 부활을 말하는 3절의 핵심 및 대속을 말하는 18절의 핵심과 동일하다. 하나님의 말씀의 씨는 없어지지 아니하며, 말씀이 낳고 유지하는 생명도 없어지지 않는다.

이제 베드로가 거듭남에서 강조하는 바를 요약해 보자. 베드로의 강조점은 우리가 거듭나서 산 소망을 갖게 되었다는 것이다. 바꾸어 말하면, 하나님이 우리를 거듭나게 하실 때 우리 안에 창조하시는 생명은 영원한 생명이며, 없어지지 않는 생명이다. 우리가 거듭날 때 우리 안에 들어오는 새 본성은 절대로 죽지 않는다. 이것이 베드로가 거듭남에 관해 강조하는 점이다.

나는 베드로가 이것을 강조하는 이유는 고난이 그의 편지(베드로전서)의 전체적인 정황이기 때문이라고 생각한다. 고난에 굴복하지 말라. 고난이 당신에게 육체의 생명을 빼앗을지라도 거듭남을 통해 얻은 생명은 절대로 빼앗지 못한다. 거듭남으로 얻은 생명은 없어지지 않는다.

대속과 부활, 그리고 부르심

하나님의 세 가지 일을 다시 한 번 살펴보자. 이번에는 각각이 어떻게 거듭남을 일으키는지 살펴보겠다. 실제로 일어나는 순서대로 한 번에 하나씩 살펴보자.

1. 하나님이 예수님의 피로 우리를 대속하셨다.
2. 하나님이 예수님을 죽은 자 가운데서 일으키셨다.
3. 하나님이 살아 있고 영원히 있는 말씀을 통해 우리를 생명 으로 부르셨다.

"너희가 알거니와 너희 조상이 물려준 헛된 행실에서 대속함을 받은 것은 은이나 금같이 없어질 것으로 된 것이 아니요 오직 흠 없고 점 없는 어린 양 같은 그리스도의 보배로운 피로 된 것이니라"(벧전 1:18-19).

여기서 거듭남과 관련된 핵심은 속전(ransom)이 지불되지 않으면 노예 신분의 죄인들이 새롭고 영원한 생명을 얻지 못한다는 것이다. 이 구절은 우리 모두가 생각하고 느끼며 행동하는 부분에서 우리를 멸망시켰을 방식에 사로잡혀 있었음을 암시한다. 우리는 이러한 무익한 방식에 우리를 넘겨주신 하나님의 진노 아래 있었다(롬 1:21, 24, 26, 28 참조). 이러한 죄악된 방식에 사로잡힌 노예 신분에서 속량 받지 못하면 멸망하고 만다. 이에 하나님은 그리스도를 보내 자신의 진노를 받게 하심으로 우리를 위해 속전을 지불하셨다(롬 8:3; 갈 3:13 참조).

이것이 우리의 거듭남을 가능하게 하는 바위처럼 견고한 역사적 기초다. 하나님이 우리를 그리스도와 연합시키고 믿음을 일으키시며 우리에게 새 생명을 주시는 근거로써, 하나님의 아들 예수 그리스도의 삶에 객관적이고 역사적인 사건들이 있어야 했다. 예수님은 마가복음 10장 45절에서 말씀하셨다. "인자가 온 것은 섬김을 받으려 함이 아니라 도리어 섬기려 하고 자기 목숨을 많은 사람의 대속물로 주려 함이니라." 성육신이라는 역사적 사건이 일어난 이유가 여기 있다.

하나님의 아들이 "자기 목숨을 많은 사람의 대속물로 주려고" 오셨다. 이 일은 우리처럼 자격 없는 죄인들에게 새 생명을 은혜의 선물로 값없이 주기 위한 근거로써 반드시 일어나야 했다. 그리고 거듭남은 영원한 생명의 선물이기 때문에 속전은 은금과는 달리 없어지지 않는 것이어야 했다. 그리스도의 피는 무한히 귀하며 따라서 절대로 속량 능력을 잃지 않는다. 그리스도의 피로 얻은 생명은 영원하다. 그러므로 하나님이 거듭남을 일으키는 방법은 대속물(속전)이 주는 영원한 생명을 위해 대속물을 주시는 것이다.

우리가 영원한 생명으로 거듭나기 위해 반드시 일어나야 했던 객관적이며 역사적인 둘째 사건은 예수님의 부활이었다. 베드로전서 1장 3-4절은 이렇게 말한다.

"우리 주 예수 그리스도의 아버지 하나님을 찬송하리로다 그의 많으신 긍휼대로 예수 그리스도를 죽은 자 가운데서 부활하게 하심으로 말미암아 우리를 거듭나게 하사 산 소망이 있게 하시며 썩지 않고 더럽지 않고 쇠하지 아니하는 유업을 잇게 하시나니 곧 너희를 위하여 하늘에 간직하신 것이라."

그러므로 하나님이 거듭남을 일으키시는 둘째 방법은 예수님을 죽은 자 가운데서 살리시는 것이다.

거듭남은 성령께서 우리의 죽은 마음을 제거하고, 그리스도의 생명이 우리의 생명이 되도록 믿음으로 우리를 그리스도와 연합시키실 때 일어난다. 따라서 우리가 예수님과의 연합을 통해 새 생명을 얻으려면 예수님이 죽은 자 가운데서 반드시 살아나셔야 한다.

앞서 보았듯이, 거듭남은 성육신 이전의 하나님의 아들과 연합할 때가 아니라, 성육하신 그리스도와 연합할 때 일어난다. 우리가 거듭날 때 얻는 새 생명은 역사적 예수의 생명인 것이다. 그러므로 예수님이 죽은 자 가운데서 부활하지 않으면 우리가 얻을 새 생명은 없다. 따라서 하나님이 거듭남을 일으키시는 둘째 방법은 예수님이 죽은 자 가운데서 부활하게 하시는 것이다.

하나님이 우리를 거듭나게 하시는 셋째 방법은 우리를 부르시는 것이다. 베드로전서 1장 14-15절은 이렇게 말한다. "너희가 순종하는 자식처럼 전에 알지 못할 때에 따르던 너희 사욕을 본받지 말고 오직 너희를 부르신 거룩한 이처럼 너희도 모든 행실에 거룩한 자가 되라."

베드로는 과거에 우리에게 일어난 일 때문에 이제 우리는 다르게 살아야 한다고 말한다. 이러한 부르심은 하나님이 우리를 거듭나게 하시는 방법이다. 하나님은 그리스도의 피로 우리를 속량하신다. 하나님은 그리스도를 죽은 자 가운데서 살리신다. 그리고 하나님은 그리스도와 연합하는 삶으로 우리를 부르신다.

하나님이 우리를 이런 방식으로 부르셨을 때 우리에게 일어난 일을 이해하려면, 이러한 부르심을 복음이 전파되는 모든 사람들을 향한 일반적인 부르심과 구분하는 게 도움이 된다. 23-25절을 숙고해 보

라. "너희가 거듭난 것은 썩어질 씨로 된 것이 아니요 썩지 아니할 씨로 된 것이니 살아 있고 항상 있는 하나님의 말씀으로 되었느니라."

거듭남은 하나님의 말씀을 통해 일어난다. 25절은 이러한 하나님의 말씀이 "너희에게 전한 복음"이라고 말한다.

그러나 복음이 모든 사람들에게 전파되기는 하지만 모든 사람이 거듭나지는 않는다. 복음을 통한 하나님의 일반적인 부르심을 말하는 이유가 여기 있다. 일반적인 부르심 – 전파된 하나님의 말씀, 곧 복음 – 이 영적으로 죽은 모든 듣는 자의 귀에 들어간다. 그러나 모두 살아나지는 않는다. 왜 어떤 사람들은 살아나 믿음을 갖는가? 왜 보지 못하는 사람들 가운데 어떤 사람들은 눈을 뜨고 듣지 못하는 사람들 가운데 어떤 사람들은 귀가 열리는가?

신약성경은 이 질문에 아주 다양한 방법으로 답한다. 그 가운데 하나가 23절에 나온다. 어떤 사람들은 "썩지 아니할 씨로 …… 살아 있고 항상 있는 하나님의 말씀", 곧 복음으로 거듭난다. 복음은 모두에게 전파되며, 거룩한 씨가 어떤 사람들 속에 심긴다. 이것이 거듭남을 말하는 한 방식이다.

거듭남을 말하는 또 하나의 방식은 어떤 사람들이 부르심을 받는다고 말하는 것이다. 이 부르심은 복음이 전파될 때 모두가 표면적으로 받는 일반적인 부르심과 다르다. 오히려 이것은 천지를 창조하신 하나님의 놀라운 말씀의 내적이며 유효한 부르심이다. 예수님이 나사로의 무덤 앞에서 주신 부르심이다. 예수님은 죽은 자에게 말씀하신다. "나사로야 나오라"(요 11:43). 부르심은 자신이 명한 대로, 선택한 대로 이룬다.

이것이 복음이 전파될 때 모두가 듣는 외적이며 일반적인 부르심과 내적이며 유효한 부르심의 차이다. 내적 부르심은 하나님의 주권적이고 창조적이며 멈출 수 없는 음성이다. 하나님은 단순히 귀와 머리가 아니라 가슴에 말씀하신다. 하나님의 내적 부르심은 보지 못하는 마음의 눈을 열고, 듣지 못하는 마음의 귀를 열며, 그리스도께서 가장 귀중한 분으로 보이게 한다. 그래서 마음은 자유롭고 간절하게 그리스도를 보화로 받아들인다. 이것이 하나님이 복음을 통해 우리를 부르실 때 하시는 일이다(벧전 2:9; 5:10 참조).

내적이며 유효한 하나님의 부르심이 갖는 특별한 능력을 가장 분명하게 보여 주는 본문은 고린도전서 1장 22-24절일 것이다. "유대인은 표적을 구하고 헬라인은 지혜를 찾으나 우리는 십자가에 못 박힌 그리스도를 전하니 유대인에게는 거리끼는 것이요 이방인에게는 미련한 것이로되 오직 부르심을 받은 자들에게는 유대인이나 헬라인이나 그리스도는 하나님의 능력이요 하나님의 지혜니라."

모두가 복음을 듣는다. 유대인도 듣고 헬라인도 듣는다. 그러나 어떤 유대인들과 어떤 헬라인들은 복음에 담긴 뭔가를 경험한다. 이들은 그리스도를 더 이상 거리끼거나 어리석은 대상으로 보지 않는다. 대신 이제는 그리스도를 "하나님의 능력이요 하나님의 지혜"로 본다. 무슨 일이 일어났는가? "오직 부르심을 받은 자들에게는 …… 그리스도는 하나님의 능력이요 하나님의 지혜니라."

하나님의 주권적이고 창조적인 부르심이 이들의 눈을 열었고, 그래서 이들은 능력과 지혜이신 그리스도를 실제로 능력과 지혜로 본다. 이것이 하나님이 우리를 거듭나게 하시는 셋째 방법이다.

모든 것을 합력하여 선을 이루신다 🍃

1. 하나님은 그리스도의 피로 우리를 죄와 진노에서 속량하셨으며, 죄인들이 영원한 생명을 얻도록 속전을 지불하셨다.
2. 하나님은 우리가 예수님과의 연합을 통해 절대로 꺼지지 않는 영원한 생명을 얻도록 예수님을 죽은 자 가운데서 살리셨다.
3. 하나님은 복음을 통해 우리를 어둠에서 빛으로, 사망에서 생명으로 부르셨으며, 우리에게 보는 눈과 듣는 귀를 주셨다. 하나님은 그리스도의 얼굴에 있는 자신의 영광의 빛을 복음을 통해 우리 마음에 비추셨다. 그래서 우리가 믿었다. 그래서 우리는 보화이신 그리스도를 보화로 받아들였다.

하나님이 당신을 위해, 당신 속에서 하신 일을 아는가? 당신은 없어지지 않을 그리스도의 피로 속량되었다. 당신은 그리스도와 함께 죽은 자 가운데서 일으킴을 받아 영원한 산 소망을 갖게 되었다. 당신은 나사로처럼 사망에서 생명으로 부르심을 받았으며, 보화이신 그리스도를 보화로 보았다. 당신은 거듭났다. 당신은 그리스도를 영접하고 구원 받았다.

삶이 힘겨울 때 로마서 8장 28절을 적용하라. 그러면 우리가 본 것 때문에 이 말씀이 새로운 능력으로 다가온다. "우리가 알거니와 하나님을 사랑하는 자 곧 그의 뜻대로 부르심을 입은 자들에게는 모든 것이 합력하여 선을 이루느니라."

당신이 부르심을 받았다면, 모든 것이 합력하여 당신에게 선을 이룬다. 아직 거듭나지 못했다면, 부르심을 들어라! 그리스도의 복음에 담긴 하나님의 부르심을 듣고 믿어라. 그리스도를 참모습 그대로 받아들이면 하나님의 진노를 면하며, 하나님이 모든 것이 합력하여 당신에게 영원한 선을 이루게 하신다.

너는 그들로 하여금 통치자들과
권세 잡은 자들에게 복종하며 순종하며
모든 선한 일 행하기를 준비하게 하며 아무도 비방하지 말며 다투지 말며 관용하며 범사에 온유함을 모든 사람에게 나타낼 것을 기억하게 하라 우리도 전에는 어리석은 자요 순종하지 아니한 자요 속은 자요 여러 가지 정욕과 행락에 종 노릇 한 자요 악독과 투기를 일삼은 자요 가증스러운 자요 피차 미워한 자였으나 우리 구주 하나님의 자비와 사람 사랑하심이 나타날 때에 우리를 구원하시되 우리가 행한 바 의로운 행위로 말미암지 아니하고 오직 그의 긍휼하심을 따라 중생의 씻음과 성령의 새롭게 하심으로 하셨나니 우리 구주 예수 그리스도로 말미암아 우리에게 그 성령을 풍성히 부어 주사 우리로 그의 은혜를 힘입어 의롭다 하심을 얻어 영생의 소망을 따라 상속자가 되게 하려 하심이라 이 말이 미쁘도다 원하건대 너는 이 여러 것에 대하여 굳세게 말하라 이는 하나님을 믿는 자들로 하여금 조심하여 선한 일을 힘쓰게 하려 함이라 이것은 아름다우며 사람들에게 유익하니라 _딛 3:1-8

씻음과 새롭게 하심으로 거듭난다

우리를 거듭나게 하는 것은 우리의 선행도 아니며 성례도 아니다.
하나님의 자비다. 하나님의 사랑이다. 값없는 하나님의 긍휼이다.

디도서 3장 5절에 나오는 중생이라는 단어를 주목하라. "[하나님이]
우리를 구원하시되 우리가 행한 바 의로운 행위로 말미암지 아니하고
오직 그의 긍휼하심을 따라 중생의 씻음과 성령의 새롭게 하심으로
하셨나니." 중생은 새로운 출생(new birth), 두 번째 출생(second birth),
또는 거듭남(born again)을 말하는 또 다른 방식이다.

거듭남이 무엇이며 왜 우리가 거듭나야 하는지에 관한 매우 중요
하고 새로운 몇 가지 신호가 있다. 그 신호를 하나씩 살펴보자. 그리
고 계속해서 하나님이 어떻게 우리를 거듭나게 하시는지에 대해 알아
보겠다.

물질세계도 거듭난다 🍃

거듭남이란 무엇인가에 관한 특별한 신호 하나를 살펴보자. 성경에서 중생이라는 단어는 "[하나님이] 우리를 구원하시되 …… 중생[*palingenesias*]의 씻음과 성령의 새롭게 하심으로 하셨나니"(딛 3:5)와 다음의 구절에만 나온다. 예수님은 열두 제자에게 이렇게 말씀하셨다. "내가 진실로 너희에게 이르노니 세상이 새롭게 되어("중생할 때"[*en tē palingenesia*]를 매우 느슨하게 번역한 것이다) 인자가 자기 영광의 보좌에 앉을 때에 나를 따르는 너희도 열두 보좌에 앉아 이스라엘 열두 지파를 심판하리라(마 19:28)."

이것은 피조물의 거듭남을 말한다. 이것은 이사야 65장 17절과 66장 22절에서 "새 하늘과 새 땅에서"라고 말하는 것과 같다.

예수님은 거듭남을 인간만이 아니라 모든 피조물에게 일어나는 일로 생각하신다. 인간만이 타락하고 부패하고 무질서한 게 아니다. 모든 피조물이 다 그렇다. 왜 그런가? 인간이 태초에 범죄했을 때, 하나님은 모든 피조물이 죄의 무서움을 가시적으로 드러내게 하셨기 때문이다. 질병, 퇴화, 자연재해 등은 죄가 세상에 들여와 널리 퍼트린 도덕적 포학에 대한 보이고 들리고 만져지는 형상의 일부다.

이와 관련된 가장 중요한 구절은 로마서 8장 20-23절이다. 이 구절은 예수님이 '거듭남', 곧 '중생'을 경험하는 피조물에 관해 하신 말씀을 확인해 주고 분명히 해 주기 때문에 이번 장에서 매우 중요하다.

"피조물[사람만이 아니라 모든 피조물]이 허무한 데 굴복하는 것
은 자기 뜻이 아니요 오직 굴복하게 하시는 이로[다시 말해, 하나

님으로] 말미암음이라[오직 하나님만이 피조물이 허무한 데 굴복하게 하실 수 있기 때문이다] 그 바라는 것은 피조물도 썩어짐의 종노 릇한 데서 해방되어 하나님의 자녀들의 영광의 자유에 이르는 것이니라[모든 피조물이 크게 새로워지는 날이 있을 텐데, 피조물이 이 렇게 새롭게 됨으로써 하나님의 자녀들의 영광스러운 새로움에 참여할 것이다] 피조물이 다 이제까지 함께 탄식하며 함께 고통을 겪고 있는 것을 우리가 아느니라[예수님이 말씀하셨듯이, 여기에 거듭남 의 이미지가 있다] 그뿐 아니라 또한 우리 곧 성령의 처음 익은 열매를 받은 우리까지도 속으로 탄식하여 양자 될 것 곧 우리 몸의 속량을 기다리느니라."

종합하면, 전체 그림은 이렇다. 하나님의 목적은 모든 피조물이 거 듭나는 것이다. 다시 말해, 온 우주가 자신의 무익함과 부패와 질병과 퇴화와 재난을 새 하늘과 새 땅이라는 완전한 새로운 질서로 대신하 게 된다. 이것은 크고 우주적인 중생, 크고 우주적인 거듭남이다.

바울은 디도서 3장 5절에서 이 단어(중생, *palingenesias*)를 사용하면서 거듭남이 이것의 한 부분임을 우리가 알길 원한다. 우리는 중생을 통 해 지금 새로움을 갖는데, 이것은 새로워지고 있는 우주의 한 부분으 로서 우리 몸이 새로워질 때 우리가 가질 더 큰 새로움의 첫 열매, 곧 서막이며 보증이다. 바울은 로마서 8장 23절에서 이렇게 말한다. "우 리 곧 성령의 처음 익은 열매를 받은 우리까지도[우리가 성령으로 거듭났 기 때문이다] 속으로 탄식하여 양자 될 것 곧 우리 몸의 속량을 기다리 느니라."

그러므로 자신의 거듭남을 장차 이루어질 일의 서막으로 생각하라. 당신의 몸과 온 세상이 어느 날 이러한 중생에 참여한다. 하나님의 최종 목적은 영적으로 새로워진 영혼이 질병과 재난에 찌든 노쇠한 몸에 거하는 게 아니다. 하나님의 목적은 새로워진 우리의 모든 감각을 취해 하나님을 기뻐하고 찬양하는 수단으로 삼는 새로워진 영혼이 새로워진 몸에 거하는 새로워진 세상이다.

디도서 3장 5절의 중생이라는 단어를 이처럼 크게 들어라. "[하나님이] 우리를 구원하시되 우리가 행한 바 의로운 행위로 말미암지 아니하고 오직 그의 긍휼하심을 따라 중생의 씻음과 성령의 새롭게 하심으로 하셨나니."

바울은 7절에서 거듭남의 목적을 말한다. "우리로 그의 은혜를 힘입어 의롭다 하심을 얻어 영생의 소망을 따라 상속자가 되게 하려 하심이라."

여기서 상속자란 이러한 영생에 포함된 모든 것─새 하늘, 새 땅, 새 몸, 새롭고 완벽한 관계, 선하며 영광스러운 만물의 새롭고 죄 없는 모습, 하나님을 기뻐하는 새로운 능력, 곧 우리의 모든 상상을 초월하는 능력─을 받는 상속자를 의미한다.

디도서 3장이 거듭남이란 무엇인가와 관련해 제시하는 새로운 신호는 이것이다:거듭남은 우주의 최종적이며 전체적인 중생의 서막이다.

그 다음으로, 왜 거듭남이 필요한가에 관한 분명한 신호가 있는데, 바로 디도서 3장 3절에 나온다. "우리도 전에는 어리석은 자요 순종하지 아니한 자요 속은 자요 여러 가지 정욕과 행락에 종노릇한 자요 악독과 투기를 일삼은 자요 가증스러운 자요 피차 미워한 자였으나."

이것은 물질적 피조물에 관한 묘사가 아니다. 인간의 마음에 대한 묘사다. 이것들은 물질적인 악이 아니라 도덕적인 악이다. 어리석은 자, 순종하지 아니한 자, 속은 자, 정욕과 행락에 종노릇한 자, 악독과 투기를 일삼는 자, 가증스러운 자, 피차 미워한 자 ……. 우리 모두 이 가운데 어딘가에 속한다.

우리가 거듭나야 하는 이유는 하나님이 이런 자들을 자신의 새로운 세상에 들이지 않으실 것이기 때문이다. 예수님이 말씀하셨듯이 거듭나지 않으면 하나님 나라를 보지 못한다(요 3:3 참조). 우리 모두 거듭나야 하는 이유가 여기 있다. 우리는 반드시 변화되어야 한다.

그 다음에 매우 귀한 성경구절 가운데 하나가 나온다(4절 참조). "그러나 …… 하나님"(But …… God, NIV, 개역개정에는 '그러나'라는 접속사가 없으며, 3절 끝의 "미워한 자였으나"에서 접미사 형태로 번역되었다 - 옮긴이주). 우리는 어리석었으며, 순종하지 않았으며, 속았으며, 정욕과 행락의 종이었으며, 악독과 투기를 일삼았으며, 가증스러운 자였으며, 서로 미워했다. 그러나 …… 하나님…….

"[그러나] 우리 구주 하나님의 자비와 사람 사랑하심이 나타날 때에 [하나님이] 우리를 구원하시되"(4-5절).

이것은 매우 놀라운 결과로, 에베소서 2장 3-5절이 말하는 것과 동일하다. "전에는 우리도 다 그 가운데서 우리 육체의 욕심을 따라 지내며 육체와 마음의 원하는 것을 하여 다른 이들과 같이 본질상 진노의 자녀이었더니 긍휼이 풍성하신 하나님이 우리를 사랑하신 그 큰 사랑을 인하여 허물로 죽은 우리를 그리스도와 함께 살리셨고 (너희는 은혜로 구원을 받은 것이라)."

우리는 죽었으나 하나님이 우리를 살리셨다. 이것이 은혜의 의미다. 죽은 자가 자신을 살리기 위해 스스로 할 수 있는 일은 하나도 없다.

이것이 디도서 3장 3-5절이 말하는 핵심이다. 우리는 아주 강한 정욕과 행락의 종이었기에 주의 선하심을 맛보지도 못하고 보지도 못했다. 우리는 하나님을 알고 신뢰하며 사랑하는 능력에 관한 한 죽었다. "그러나 …… 하나님……" 4-5절을 보라. "[그러나] 우리 구주 하나님의 자비와 사람 사랑하심이 나타날 때에 우리를 구원하시되 우리가 행한 바 의로운 행위로 말미암지 아니하고 오직 그의 긍휼하심을 따라 중생의 씻음과 성령의 새롭게 하심으로 하셨나니."

씻음과 성령의 새롭게 하심

그렇다면 하나님은 어떻게 거듭남을 일으키시는가? 거듭남은 어떻게 일어나는가? 요한복음 3장에 기록된 예수님의 말씀에서 보았던 것과 마찬가지로 바울도 중생을 씻음과 새롭게 하심으로 묘사한다. 디도서 3장 5절 끝에서, 바울은 하나님이 우리를 "중생의 씻음과 성령의 새롭게 하심으로" 구원하셨다고 말한다. 중생은 일종의 씻음이다. 중생은 일종의 새롭게 하심이다.

예수님이 요한복음 3장 5절에서 하신 말씀을 상기해 보라. "사람이 물과 성령으로 나지 아니하면 하나님의 나라에 들어갈 수 없느니라."

이 말씀과 디도서 3장 5절의 유사한 사고(思考)에 주목하라:너희는 중생의 씻음과 성령의 새롭게 하심으로 구원받았다.

2장에서 요한복음 3장과 관련해 물과 성령이라는 용어가 에스겔 36장 25-27절에서 왔다고 주장했다. 에스겔서 36장 25-27절에서 하나님은 자신의 백성에게 약속하신다.

> "맑은 물을 너희에게 뿌려서 너희로 정결하게 하되 곧 너희 모든 더러운 것에서와 모든 우상 숭배에서 너희를 정결하게 할 것이며 또 새 영을 너희 속에 두고 새 마음을 너희에게 주되 너희 육신에서 굳은 마음을 제거하고 부드러운 마음을 줄 것이며 또 내 영을 너희 속에 두어 너희로 내 율례를 행하게 하리니 너희가 내 규례를 지켜 행할지라."

말하자면 예수님은 이렇게 말씀하고 계셨다. "새 언약이 약속한 때가 이르렀도다. 에스겔의 약속이 성령을 통해 이제 내게서 이루어지리라. 성령은 생명을 주시느니라(요 6:63 참조). 내가 곧 길이요 진리요 생명이라(요 14:6 참조). 성령께서 믿음을 통해 너희를 나와 연결하실 때, 너희가 거듭나리라."

이것을 확인하는 방법은 두 가지가 있다. 과거의 모든 것으로부터의 씻음과 미래의 모든 것을 위한 새롭게 하심이다. 그래서 바울은 디도서 3장 5절에서 하나님이 "우리를 구원하시되 …… 중생의 씻음과 성령의 새롭게 하심으로 하셨나니"라고 말한다. 이는 예수님의 말씀과 대략 같은 뜻이다.

하나님이 우리에게 주신 새 언약의 약속이 이루어졌다. 하나님 나라가 이제 시작되었고 우주의 최종적 '중생'도 시작되었다. 너희의 거듭남은 너희가 범한 모든 죄로부터 씻음을 받는 것이며, 성령께서 새 본성을 창조하시는 것이기도 하다. 너희는 거듭난 후에도 여전히 너희다. 그러나 두 가지가 변했다. 너희는 깨끗하며 새롭다. 이것이 거듭남과 중생의 의미다.

하나님은 어떻게 우리를 거듭나게 하시는가? 바울은 우리의 거듭남이 우리가 무엇을 했느냐 때문이 아니라, 하나님이 어떤 분이신가 때문이라는 점을 강조하려 한다. 4-5절은 하나님이 우리를 어떻게 거듭나게 하시는지에 관해 세 가지를 말하며, 이것들을 우리가 거듭나기 위해 스스로 하려는 일과 대비시킨다. "우리 구주 하나님의 자비와 사람 사랑하심이 나타날 때에 우리를 구원하시되 우리가 행한 바 의로운 행위로 말미암지 아니하고 오직 그의 긍휼하심을 따라 중생의 씻음과 성령의 새롭게 하심으로 하셨나니."

구원은 이 본문 전체를 포괄하는 크고 중요한 개념이다("우리를 구원하시되," 5절). 그러나 하나님이 우리를 구원하시는 구체적인 방법은 중생이다. 바울은 구원과 중생의 근원을 찾아 하나님의 '자비'(goodness, 선하심)와 '사랑하심'과 '긍휼하심'에까지 거슬러 올라간다. 이것이 하나님이 죄인들을 어떻게 거듭나게 하시는가에 대한 바울의 궁극적인 답변이다. 하나님은 선하시다. 하나님은 사랑이시다. 하나님은 자비로우시다.

하나님의 자비와 사랑으로 🌱

당신이 거듭났다면, 다시 말해, 영적 죽음에서 깨어나고, 보는 눈과 듣는 귀가 되살아나며, 예수님을 궁극적 만족을 주시는 분으로 깨닫는 영적 감각이 되살아나고, 그분을 신뢰하는 마음이 되살아났다면 그것은 하나님의 자비 때문이다. 4절의 첫 단어(*chrēstotēs*)는 친절이나 선함을 의미한다. 바울은 에베소서 2장 7절에서 이 단어를 사용한다. "이는[하나님이 우리를 살리신 것은] 그리스도 예수 안에서 우리에게 자비하심(kindness, NIV)으로써 그 은혜의 지극히 풍성함을 오는 여러 세대에 나타내려 하심이라."

하나님은 우리에게 자비를 베풀길 좋아하신다. 하나님을 크게 생각할수록 하나님의 자비는 더 놀랍게 다가온다. 하나님은 우주의 창조자다. 하나님은 하늘의 은하들이 제자리를 지키게 하신다. 하나님은 세상에서 일어나는 모든 일을 주관하시며, 새 한 마리의 추락까지 주관하시며 당신의 머리털까지 세신다(마 10:29-30 참조). 하나님은 무한히 강하고 지혜롭고 거룩하고 공의롭다. 그리고 놀랍게도, 하나님은 자비롭다. "우리 구주 하나님의 자비와 사람 사랑하심이 나타날 때에"(딛 3:4).

우리가 거듭난 것은 하나님의 자비 때문이다. 당신이 그리스도인이라는 사실 자체가 매일, 매시간 당신의 귀에 속삭인다. 하나님은 당신에게 자비를 베푸신다.

바울이 우리를 거듭나게 하시는 하나님의 본성을 기술하는 둘째 방식은 '사랑하심'(loving kindness)으로 번역된다. '사랑하심'으로 번역한 헬라어 단어는 '필안드로피아'(*Philanthrōpia*)인데, 이 단어에서 박애(博愛, philanthropy, 인류애)라는 단어가 나왔다. 이 단어는 성경에서 하나님의 사랑을 말할 때 사용하는 일반적인 단어가 아니다. 사실, 신약에서 이 단어는 여기서만 사용된다. 바울은 하나님의 마음이 인간에게 선을 행하려 한다고 말한다. 하나님은 가장 높은 의미의 박애주의자다. 그래서 바울은 우리가 거듭났다면 인간에게 복을 주려는 하나님의 마음 때문이라고 말하고 있다.

그 다음으로, 바울은 절대적으로 본질적이며 그리스도를 높이는 그 무엇을 말한다. 바울은 4절에서 이러한 하나님의 자비와 인간에게 복을 주려는 그분의 마음이 '나타났다'고 말한다. "우리 구주 하나님의 자비와 사람 사랑하심이 나타날(appeared) 때에 우리를 구원하시되 …… 중생의 씻음과 성령의 새롭게 하심으로 하셨나니."

하나님의 자비와 사랑이 나타났다. 하나님의 자비와 사랑이 단지 하나님의 존재 속에 머물 뿐 우리 가운데 내려와 인간의 형상을 취하지 않는다면 그 누구도 구원하지 못하리라는 뜻이다.

이것들이 어떻게 나타났는가? 하나님의 자비와 사랑이 어떻게 나타났는가? 이 질문의 대답은 4절에서 하나님이 "우리 구주"라 불리신다는 사실에 있다. 6절에서는 예수님이 "우리 구주"라 불리신다. "우리 구주 예수 그리스도로 말미암아 [하나님이] 우리에게 그 성령을 풍성히 부어 주사." 다시 말해, "우리 구주" 하나님이 "우리 구주" 그리스도로 나타나셨다. 예수님 자신이 하나님의 자비와 사랑의 현현(顯現)인 것이다.

이것은 우리의 거듭남이 그리스도의 역사적 사역 때문이라는 뜻이다. 이 사실을 이 책에서 거듭 확인했다. 거듭남은 역사와 무관하고 모호한 영적 변화가 아니다. 거듭남은 우리가 십자가에 죽으시고 부활하신 구주 예수 그리스도와 연합되었다. 그렇기 때문에 거듭남은 그분의 생명이 우리의 생명이 되도록 성령께서 믿음을 통해 우리를 역사 속에 성육하신 예수 그리스도와 연결하시는 객관적이며 역사적인 행위다. 거듭남이 일어나는 이유는 예수님이 하나님의 자비와 사랑으로써 세상에 오셔서 우리 죄 때문에 죽고 부활하셨기 때문이다.

하나님의 긍휼로

우리의 거듭남을 설명하는 하나님의 본성의 셋째 부분은 하나님의 긍휼이다. 바울은 하나님의 긍휼을 말하면서 거듭남의 근간으로 하나님의 긍휼과 우리의 행위를 대비시켜야 한다는 점을 분명히 한다. 5절을 보라. "[하나님이] 우리를 구원하시되 우리가 행한 바 의로운 행위로 말미암지 아니하고 오직 그의 긍휼하심을 따라 중생의 씻음과 성령의 새롭게 하심으로 하셨나니."

당신이 거듭났다면 하나님의 긍휼 때문이다. 하나님은 긍휼이 풍성하시다. 우리는 거듭날 자격이 없었다. 우리는 마음이 돌처럼 굳었고, 거역했으며, 영적으로 죽었다. 만약 하나님이 우리를 거들떠보지 않으셨더라도 그분은 의로우시다. "[그러나] 긍휼이 풍성하신 하나님이 …… 허물로 죽은 우리를 그리스도와 함께 살리셨고"(엡 2:4-5).

우리의 새 생명, 우리의 거듭남은 하나님의 긍휼 덕분이다.

하나님은 자비롭다. 하나님은 인간을 사랑하신다. 하나님은 긍휼이 풍성하시다. 그래서 우리가 거듭났다. 하나님이 우리를 거듭나게 하셨다. 바울은 여기서 그칠 수도 있었다. 우리의 거듭남을 긍정적 진술로만 표현할 수도 있었다는 말이다.   그러나 바울은 그러지 않았다. 바울은 무엇인가를 부정(否定)해야 할 책임을 느꼈다. 그래서 5절에서 이렇게 말한다. "우리를 구원하시되 우리가 행한 바 의로운 행위로 말미암지 아니하고."

하나님은 우리의 경향을 잘 아신다. 우리는 자신에게 좋은 일이 일어나면 자신이 좋은 일을 했기 때문에 그런 게 틀림없다고 생각한다. 바울은 이러한 우리의 경향을 알았다. 그래서 우리에게 이 부분에 대해 경고한다.

거듭남을 통한 구원을 이런 식으로 생각하지 말라. 주의 깊게 보라. 바울은 '이 구원은 율법의 행위 때문이 아니었다'고 말하지 않는다. 바울은 '이 구원, 이 거듭남은 의로운 행위 때문이 아니다'라고 말한다. 당신의 최악의 행위와 동기뿐 아니라 최선의 행위와 동기까지도 배제된다. 당신의 최선의 행위와 동기가 거듭남의 원인이 아니다. 이것들이 당신을 거듭난 상태로 지켜 주는 게 아니다. 오히려 거꾸로다. 거듭남이 최선의 동기와 행위의 원인이다.

이것이 내가 5절에 나오는 '중생의 씻음'이 세례를 말한다고 생각하지 않는 한 가지 이유다. 옛 언약의 할례든 새 언약의 세례든, 우리를 거듭나게 하는 것은 우리의 선행도 아니며 성례도 아니다. 하나님의 자비다. 하나님의 사랑이다. 값없는 하나님의 긍휼이다. 이것들이 우리의 거듭남을 설명한다.

할례가 아니다. 세례가 아니다. 우리의 의로운 행위가 아니다. 거듭남이 먼저 오며, 의로운 행위를 수반한다. 의로운 행위가 먼저 오고 거듭남을 수반하는 게 아니다.

당신이 거듭난 것은 당신의 행위 때문이 아니라, 하나님의 긍휼 때문이라는 진리만큼 당신을 겸손하고 행복하게 해 주는 것은 없다. 하나님이 당신에게 이 진리를 보는 눈을 주시길 바란다. 이러한 하나님의 긍휼 앞에 엎드리며 기뻐하라.

그러므로 너희 마음의 허리를

동이고 근신하여 예수 그리스도께서

나타나실 때에 너희에게 가져다주실 은혜를 온전히 바랄지어다 너희가 순종하는 자식처럼 전에 알지 못할 때에 따르던 너희 사욕을 본받지 말고 오직 너희를 부르신 거룩한 이처럼 너희도 모든 행실에 거룩한 자가 되라 기록되었으되 내가 거룩하니 너희도 거룩할지어다 하셨느니라 외모로 보시지 않고 각 사람의 행위대로 심판하시는 이를 너희가 아버지라 부른즉 너희가 나그네로 있을 때를 두려움으로 지내라 너희가 알거니와 너희 조상이 물려 준 헛된 행실에서 대속함을 받은 것은 은이나 금 같이 없어질 것으로 된 것이 아니요 오직 흠 없고 점 없는 어린 양 같은 그리스도의 보배로운 피로 된 것이니라 그는 창세 전부터 미리 알린 바 되신 이나 이 말세에 너희를 위하여 나타내신 바 되었으니 너희는 그를 죽은 자 가운데서 살리시고 영광을 주신 하나님을 그리스도로 말미암아 믿는 자니 너희 믿음과 소망이 하나님께 있게 하셨느니라 너희가 진리를 순종함으로 너희 영혼을 깨끗하게 하여 거짓이 없이 형제를 사랑하기에 이르렀으니 마음으로 뜨겁게 서로 사랑하라 너희가 거듭난 것은 썩어질 씨로 된 것이 아니요 썩지 아니할 씨로 된 것이니 살아 있고 항상 있는 하나님의 말씀으로 되었느니라 그러므로 모든 육체는 풀과 같고 그 모든 영광은 풀의 꽃과 같으니 풀은 마르고 꽃은 떨어지되 오직 주의 말씀은 세세토록 있도다 하였으니 너희에게 전한 복음이 곧 이 말씀이니라 _벧전 1:13-25

믿음으로 거듭난다

영혼 정화는 '형제를 사랑하기에 이르기' 위한 것이다.

이 책을 쓰기 직전에 연방 대법관 클레렌스 토마스의 자서전 「나의 할아버지의 아들」(*My Grandfather's Son : A Memoir*)을 읽었다. 그는 로마 가톨릭 신자로 자랐으며 매사추세츠 주 우스터의 홀리크로스대학을 다녔다. 그러나 이 대학에 다니는 동안, 영원히는 아니지만 그는 교회와 결별했다. 그는 당시를 이렇게 회고한다.

대학생활을 시작한 그 다음 주, 나는 홀리크로스에서 처음이자 마지막으로 미사에 참석했다. 내가 왜 불편을 느꼈는지는 나도 모른다. 아마도 습관이나 죄책감 때문이었으리라. 이유가 무엇이든 간에, 나는 설교 중에 일어나 밖으로 나왔다. 나를 괴

롭힌 것은 사회 문제들이 아니라 순전히 교회의 도그마(dogma, 교리)였으며, 교회의 도그마가 내게는 절망적이게도 현실과 전혀 무관해 보였다.[13]

목사로서, 나는 적절성에 대해 많이 생각한다. 왜 누군가 내 말에 귀를 기울여야 하는가? 왜 누군가 관심을 가져야 하는가?

적절성은 모호한 단어다. 이것은 청중이 설교가 자신의 삶에 중요한 변화를 일으킬 거라고 느낀다면 그 설교가 적절하다는 뜻일 수도 있다. 또는 청중이 그렇게 느끼든 느끼지 않든 간에 어떤 설교가 청중의 삶에 중요한 변화를 일으키려 한다면 그 설교가 적절하다는 뜻일 수도 있다.

나는 언제나 이러한 종류의 적절성을 염두에 두고 설교를 하고 글을 쓴다. 바꾸어 말하면, 나는 당신이 알든 모르든 실제로 당신의 삶에 중요한 것들을 말하고 싶다는 뜻이다. 내가 이렇게 하는 방법은 우리가 하나님의 말씀과는 무관하게 중요하다고 생각하는 바가 아니라 하나님이 그분의 말씀에서 중요하다고 말씀하시는 바에 최대한 가까이 붙어 있는 것이다.

그러므로 어느 예배든 간에, 십 수 명의 젊고 이상주의적인 클레렌스 토마스들이 인종차별, 지구온난화, 낙태, 제한적인 아동 건강 보험, 노숙자 문제, 가난, 이라크 전쟁, 화이트칼라 범죄, 인신매매, 세계적인 에이즈 위기, 급속한 사생아 증가, 서브프라임 모기지 위기 뒤에 숨겨진 탐욕, 불법 체류자 처리, 막 출소한 그리스도인들의 곤경 등에 관해 분노를 가득 안고 참석할 가능성이 얼마든지 있다. 이들은 내가 강단에서 '오늘은 사람이 어떻게 거듭나는지 말씀 드리겠습니다'라고 말하는 것을 듣기가 무섭게 클레렌스 토마스처럼 자리를 박차고 일어나 나간다. 그러면서 '그건 지금 세상이 직면한 진짜 문제들과 아무 상관이 없다고요!'라고 할지 모른다.

이들이 틀렸다. 그것도 겹으로 틀렸다. 첫째, 이들은 거듭남이 인종 차별, 지구온난화, 낙태, 건강 보험을 비롯해 우리 시대의 모든 문제를 해결하는 데 가장 적절하다는 예수님의 말씀이 무슨 뜻인지 모른다는 점에서 틀렸다. 앞으로 몇 장에 걸쳐, 거듭남이 필연적으로 맺는 열매가 무엇인지 살펴보겠다.

둘째, 이들은 이것들이 삶에서 가장 중요한 문제라고 생각한다는 점에서 틀렸다. 이것들은 절대 삶에서 가장 중요한 문제가 아니다. 이것들은 삶과 죽음의 문제지만 가장 중요한 문제는 아니다. 이생에 뒤따르는 영원한 삶에서 고통을 제거하는 문제가 아니라, 짧은 이생의 삶에서 고통을 제거하는 문제를 다루기 때문이다. 긍정문으로 표현하면, 이것들은 이 땅에 사는 80여 년 동안 어떻게 행복을 최대화할 것인가를 다룰 뿐 이 땅을 떠난 후 하나님 앞에서 영원히 사는 동안 어떻게 행복을 최대화할 것인가는 다루지 않는다.

내가 목사로서 할 일은 가장 중요한 문제를 다루며, 성경에 계시된 하나님의 뜻에(그래서 당신이 혼자서도 확인할 수 있다) 늘 붙어 있으며, 하나님의 은혜로 젊고 이상주의적이며 분노한 클레렌스 토마스들을 비롯한 모든 사람이 하나님이 하시는 말씀이 얼마나 중요한지 보고 느끼도록 기도하는 것이다.

예수 그리스도를 믿는 믿음 🍃

예수님은 요한복음 3장 3절에서 이렇게 말씀하신다. "진실로 진실로 네게 이르노니 사람이 거듭나지 아니하면 하나님의 나라를 볼 수 없느니라."

하나님 나라를 보지 못한다는 말은 하나님 나라에 들어가지 못한다는 뜻이다. 예수님은 마태복음 8장 12절에서 하나님 나라에 들어가지 못하는 자들은 "바깥 어두운 데 쫓겨나 거기서 울며 이를 갈게 되리라"고 말씀하셨다. 예수님은 이것을 "영벌"(永罰)이라 부르셨다(마 25:46 참조). 이와 반대되는 것이 하나님 나라에 들어가 우주에서 가장 큰 분과 영원히 기쁘게 사는 것이다(요 17:24 참조).

하나님 나라에서 그리스도의 이름을 믿은 무수한 성도들과 더불어 그리스도의 영광을 직접 보고 또 맛보는 것보다 중요한 일은 없다. 어느 날, 이 영광이 온 땅을 평화와 공의와 모든 선한 것으로 채울 것이다. 그리스도께서 친히 중심이 되시며 만물을 비추실 것이다.

이번 장에서 우리가 던지는 질문은 이것이다. 우리는 거듭남에 어떻게 참여하는가? 우리는 거듭남에서 무엇을 하는가? 우리는 어떻게 거듭남에 참여하는가? 내가 성경에서 찾은 답을 먼저 제시한 후 그 답을 어디서 찾았는지 가르쳐 주겠다.

우리는 믿음을 통해 거듭남에 참여한다. 여기서 믿음이란 십자가에서 죽으시고 부활하신 하나님의 아들 예수 그리스도를 당신의 구원자요 주님이며 보화로 믿는 믿음을 말한다. 우리는 그리스도를 믿음으로 우리가 거듭나는 사건에 참여한다. 우리가 거듭남에 참여하는 이유는 거듭날 때 그리스도를 참모습 그대로, 가장 귀한 구주요, 주님이요, 우주의 보화로 영접하기 때문이다.

대답은 이렇게 계속된다. 우리의 믿는 행위와 하나님의 낳는 행위는 동시에 이루어진다. 같은 순간에 하나님은 낳으시고 우리는 믿는다. 그리고 매우 중요한 사실이 있는데, 하나님의 행위는 우리의 행위의 결정적 원인이다. 하나님의 낳는 행위가 우리의 믿는 행위의 결정적 원인이다.

둘이 동시에 이루어진다면 하나가 다른 하나의 원인이라고 보기 힘들다는 생각이 든다면, 불과 열(熱) 또는 불과 빛을 생각해 보라. 불을 피우는 바로 그 순간 열이 생긴다. 불을 피우는 바로 그 순간 빛이 생긴다. 그러나 우리는 열이 불의 원인이라고 말하거나 빛이 불의 원인이라고 말하지 않는다. 불이 열과 빛의 원인이라고 말한다.

이것이 '우리는 거듭남에 어떻게 참여하는가?'라는 질문에 대해 내가 성경에서 찾은 해답이다. 이제 나를 이런 생각으로 이끈 몇몇 구절을 살펴볼 차례다.

먼저 베드로전서 1장 22-23절을 살펴보자.

> "너희가 진리를 순종함으로 너희 영혼을 깨끗하게 하여 거짓이 없이 형제를 사랑하기에 이르렀으니 마음으로 뜨겁게 서로 사랑하라 너희가 거듭난 것은 썩어질 씨로 된 것이 아니요 썩지 아니할 씨로 된 것이니 살아 있고 항상 있는 하나님의 말씀으로 되었느니라."

여기서 몇 가지 눈여겨볼 것이 있다. 첫째, 일어나는 일의 목적은 사랑이다. "너희가 진리를 순종함으로 너희 영혼을 깨끗하게 하여 거 짓이 없이 형제를 사랑하기에 이르렀으니."

바꾸어 말하면, 진리를 순종함으로써 영혼을 깨끗이 하면 어딘가에, 즉 진실한 형제 사랑에 이른다. 이것은 영혼 정화 자체가 형제 사랑은 아님을 암시한다. 아직은 형제 사랑에 이르지 못했다.

영혼 정화는 "형제를 사랑하기에 이르기" 위한 것이다. 그러므로 영혼 정화는 형제 사랑에까지 나아가야 한다. 사랑은 매우 기본적인 성령의 열매다. 22절의 "너희가 진리를 순종함으로 너희 영혼을 깨끗하게 하여"라고 하는 말은 형제 사랑보다 더 기본적인 그 무엇이 일어나고 있다는 뜻이다.

그러므로 여기서 '순종'은 사랑의 순종이 아니다. 이것이 사랑의 순종으로 이어진다. 그렇다면 이것은 무엇인가? 진리에 대한 순종은 '진리'에 대한 올바른 반응이다. 이것은 "진리를 순종함"(22절, obedience to the truth, 진리에 대한 순종)이라 불린다.

그렇다면 진리란 무엇인가? 이 문맥에서 '진리'란 하나님의 말씀을 가리킨다. 23절에서 진리는 하나님의 말씀이라 불린다. "살아 있고 항상 있는 하나님의 말씀으로." 그리고 25절에서 하나님의 말씀은 복음이라 불린다. "너희에게 전한 복음이 곧 이 말씀이니라." 그러므로 22절이 말하는 진리에 대한 순종은 복음에 대한 순종을 의미한다.

그렇다면 복음에 대한 순종이란 무슨 뜻인가? 예수님을 믿는다는 뜻이다. 왜냐하면 값없이 주어진 복음이 믿음을 요구하기 때문이다. "주 예수를 믿으라 그리하면 너와 네 집이 구원을 받으리라"(행 16:31; 고전 15:1-2 참조).

복음의 기본적인 첫 명령은 '네 형제를 사랑하라'는 게 아니다. 복음의 첫째 요구는 오직 믿음이다. 그러므로 이러한 기본적인 수준에서 복음에 순종한다는 말은 믿는다는 뜻이다.

이것을 베드로전서 3장에서 거듭 확인할 수 있다. 베드로는 그리스도를 믿지 않는 남편들을 가리켜 말씀에 순종하지 않는 자라고 말한다. "아내들아 이와 같이 자기 남편에게 순종하라 이는 혹 말씀을 순종하지 않는 자라도 말로 말미암지 않고 그 아내의 행실로 말미암아 구원을 받게 하려 함이니"(1절).

말씀에 순종하지 않는다는 말은 신자가 아니라는 뜻이다. 베드로전서 2장 8절("그들이 말씀을 순종하지 아니하므로")과 4장 17절("하나님의 복음을 순종하지 아니하는 자들")에도 동일한 내용이 나온다. 그러므로 말씀에 순종하지 않는다는 말은 복음에 순종하지 않는다는 뜻이며, 바꿔 말해 믿지 않는다는 뜻이다.

바울은 데살로니가후서 1장 8절에서도 동일한 방식으로 말하면서 하나님이 "하나님을 모르는 자들과 우리 주 예수의 복음에 복종하지 않는 자들에게 형벌을 내리시리니"라고 했다. 달리 말하면, 주 예수의 복음이 믿음을 요구하는데, 이들은 순종하지 않았다. 이들은 믿지 않았다. "진리의 말씀 곧 …… 복음"주14을 거부했다.

그러므로 베드로가 "너희가 진리를 순종함으로 너희 영혼을 깨끗하게 하여 거짓이 없이 형제를 사랑하기에 이르렀으니"(벧전 1:22)라고 말할 때, 이것은 '너희가 예수 그리스도의 복음을 믿음으로 너희 영혼을 깨끗하게 하였나니 이 믿음이 너희를 형제 사랑으로 인도하는도다'라는 뜻이다. 믿음이 사랑을 통해 역사한다(갈 5:6 참조). 사랑은 거짓 없는 믿음을 통해 온다(딤전 1:5 참조).

하나님의 주권적 은혜 🍃

앞장을 떠올려 보라. 요한복음 3장 5절과 디도서 3장 5절에서 거듭남은 정화—물과 씻음의 이미지—를 포함한다고 했다. 예수님은 "진실로 진실로 네게 이르노니 사람이 물과 성령으로 나지 아니하면 하나님의 나라에 들어갈 수 없느니라"고 하셨다. 바울은 하나님이 "우리를 구원하시되 …… 중생의 씻음"으로 하셨다고 했다. 그러므로 베드로가 우리의 영혼이 진리에 순종함으로—다시 말해, 복음을 믿음으로—깨끗하게 되었으며, 이러한 정화가 우리를 사랑으로 인도하지만 정화가 사랑과 동일하지는 않다고 했을 때, 이러한 정화는 우리가 거듭날 때 일어나는 정화라는 뜻으로 말했을 것이다. 이것은 요한복음 3장 5절에서 "물"로 언급되고, 디도서 3장 5절에서 "씻음"으로 언급되는 정화다. 이것이 거듭남이다.

이것은 우리를 씻어 주는 거듭남과 "진리를 순종함으로" 이루어지는 정화가 동일한 사건의 본질적인 부분이라는 뜻이다. 그러므로 우리는 거듭남에 완전하게 참여한다. 이것이 우리의 거듭남이다. 이것은 우리가 예수 그리스도의 복음을 믿는 행위를 포함한다. 믿지 않으면 거듭나지 못한다고 말하는 이유가 여기 있다. 믿음으로, 우리는 거듭남을 실행하며, 새 생명 가운데 호흡한다.

이제 23절에서 베드로는 이것을 거듭남이라는 말로 설명한다. 영혼 정화하기(우리의 행위)와 거듭나기(하나님의 행위)의 관계를 알기 위해

22-23절을 함께 보자. "너희가 진리를 순종함으로 너희 영혼을 깨끗하게 하여 거짓이 없이 형제를 사랑하기에 이르렀으니 마음으로 뜨겁게 서로 사랑하라 너희가 거듭난 것은 썩어질 씨로 된 것이 아니요 썩지 아니할 씨로 된 것이니 살아 있고 항상 있는 하나님의 말씀으로 되었느니라."

거듭남에서 우리의 행위(22절 참조)는 결과이며 하나님의 행위(23절 참조)는 원인이다. 이것은 "[왜냐하면] 너희가 거듭난 것은"주15이라는 말에 암시된다(한글로 번역한 여러 성경에는 없지만 영어번역에는 이유를 나타내는 접속사 since나 for가 23절 첫머리에 나온다 – 옮긴이주).

하나님의 행위는 우리 행위의 근거다. 우리는 복음에 순종함으로 마음을 깨끗하게 한다. 다시 말해, 거듭남을 실행하는 것이다. 우리가 이렇게 할 수 있는 것은 하나님이 우리를 거듭나게 하시기 때문이다.

이 본문에는 거듭남에서 하나님의 행위가 우리의 행위의 원인이라는 것을, 다시 말해, 하나님의 낳음(God's begetting, beget은 "아버지가 자녀를 낳는다"고 말할 때 쓰는 단어다 – 옮긴이주)이 우리 믿음의 원인이라는 것을 보여 주는 세 가지 단서가 있다.

첫째는 진술의 순서다. 22절은 한 가지 명령을 제시한다. "마음으로 뜨겁게 서로 사랑하라."

22절은 이러한 사랑의 한 가지 전제 조건을 제시하는데, 우리가 복음을 믿어 마음을 깨끗하게 했다는 것이다. 그 다음으로 23절은 두 가지 모두의 전제 조건으로 보인다. 하나님의 낳음 때문에, 우리가 복음을 믿을 수 있으며 – 복음을 믿어 마음이 깨끗해진다 – 서로 사랑할 수 있다. 그러므로 하나님의 낳음이 우리의 믿음과 사랑의 근간이다.

하나님의 낮음이 우리의 믿음과 사랑을 가능하게 한다.

하나님의 낮음이 우리 믿음의 원인이라는 것을 보여 주는 둘째 단서는 23절에 나온다. 여기서 하나님은 말씀을 우리가 거듭나는 데 필요한 도구로 삼으신다. "너희가 거듭난 것은 썩어질 씨로 된 것이 아니요 썩지 아니할 씨로 된 것이니 살아 있고 항상 있는 하나님의 말씀으로 되었느니라."

23절의 "썩지 아니할 씨"를 성령으로 보는 사람들이 있는데, 이렇게 보는 것도 당연하다(요일 3:9 참조). 그러나 나는 "썩지 아니할 씨"를 "하나님의 말씀"으로 본다. 씨는 "썩지 아니할" 것으로 묘사되고 말씀은 "살아 있고 항상 있는" 것으로 묘사된다. 둘은 사실상 하나다. 그러므로 나는 "썩지 아니할 씨로 [거듭났다]"라는 말과 "살아 있고 항상 있는 하나님의 말씀으로 [거듭났다]"라는 말이 동의어라고 본다. 24-25절에서 전체적인 초점의 대상이 성령이 아니라 말씀이라는 사실이 이를 뒷받침한다.

핵심은 하나님이 말씀을 거듭남의 도구로 삼으시고, 거듭남에서 말씀은 믿음을 일깨운다는 것이다. 이것이 바울이 로마서 10장 17절에서 하는 말이다. "그러므로 믿음은 들음에서 나며 들음은 그리스도의 말씀으로 말미암았느니라."

거듭남이 우리의 믿음(believing, 믿는 행위)을 포함하며, 말씀이 우리 믿음의 원인이며, 베드로전서 1장 24절은 하나님이 "말씀으로" 거듭남을 일으키신다고 말한다. 그렇다면 말씀 뒤에, 우리의 믿음 뒤에 하나님의 결정적인 행위가 있다. 이것이 야고보 사도가 야고보서 1장 18절에서 말하는 바다. "[하나님이] 자기의 뜻을 따라 진리의 말씀으로 우리를 낳으셨느니라."

하나님이 자신의 뜻을 따라 우리를 낳으셨다. 하나님은 믿으려는 우리의 의지에 속박되지 않으셨다. 하나님의 의지(뜻)가 우리의 의지를 가능하게 했다.

이 본문에서 하나님의 낳음이 우리의 믿음의 원인이라는 것을 보여 주는 셋째 단서는 베드로가 사도행전 15장의 예루살렘 공회에서 이와 동일한 언어를 사용하는 방식이다. 베드로는 유대인만이 아니라 이방인과 유대인이 똑같이 구원 받는다고 말한다. 베드로가 이 사실을 말하는 방식이 의미심장하다. "[하나님이] 믿음으로 그들의 마음을 깨끗이 하사 그들이나 우리나 차별하지 아니하셨느니라"(행 15:9).

베드로는 베드로전서 1장 22절에서 "너희가 진리를 순종함으로 너희 영혼을 깨끗하게 하여"라고 말한다. 이 말의 뜻은 바로 '믿음으로 너희의 영혼을 깨끗하게 하여'라는 의미인 것이다. 그런데 베드로는 사도행전 15장 9절에서도 동일한 방식으로 말한다. 다만 사도행전 15장 9절에서는 동일한 정화의 용어를 사용하지만 하나님이 우리의 믿음을 통해 우리를 깨끗하게 하신다고 분명하게 말한다. "[하나님이] 믿음으로 그들의 마음을 깨끗이 하사 그들이나 우리나 차별하지 아니하셨느니라."

하나님이 그들의 믿음을 통해 그들의 마음을 깨끗하게 하셨다. 이것은 우리가 거듭날 때 우리의 믿음은 하나님이 우리를 깨끗하게 하시는 데 있어 아주 중요한 부분인 동시에 필수적인 도구라는 점을 보여 준다. 그러나 정화가 근본 원인은 아니다. 바로 우리 하나님이 근본 원인이다.

이것은 우리에게 다음 네 가지를 의미한다. 당신이 이 의미들을 기쁘게 받아들이길 바란다.

1. 우리가 구원 받으려면 반드시 믿어야 한다는 뜻이다. "주 예수를 믿으라 그리하면 너와 네 집이 구원을 받으리라"(행 16:31). 거듭남이 믿음을 대신하지 않는다. 거듭남은 믿음을 포함한다. 거듭남은 믿음으로 나는 것이다.

2. 우리는 내버려두면 믿지 않으리라는 뜻이다. 죽은 자들이 스스로 호흡할 가능성은 전혀 없다.

3. 풍성한 긍휼과 큰 사랑과 주권적 은혜의 하나님이 당신 믿음의 결정적 원인이라는 뜻이다.

4. 베드로전서 1장 22절에 따르면, 거듭난 마음의 열매는 사랑이다. 이것은 삶에서 거듭남의 영향을 받지 않는 부분—인종차별, 지구온난화, 낙태, 제한적인 아동 건강보험, 노숙자 문제, 가난, 이라크 전쟁, 화이트칼라 범죄, 인신매매, 세계적인 에이즈 위기, 급속한 사생아 증가, 서브프라임 모기지 위기 뒤에 숨겨진 탐욕, 불법 체류자들 처리, 막 출소한 그리스도인들의 곤경 등—은 하나도 없다는 뜻이다. 모든 부분이 영향을 받는다. 가장 중요한 사실은 당신이 하나님 나라에 들어가 영원히 예수님의 얼굴을 본다는 것이다.

그러므로 그리스도를 대신하여 권하는데, 주 예수 그리스도를 믿으라. 그분을 당신의 삶의 구주요 주님이요 보화로 받아들여라. 이미 신자라면, 하나님의 은혜로운 손 아래 자신을 겸손히 낮추고, 세상이 감당 못할 하나님의 자녀로서 고통을, 특히 영원한 고통을 제거하는 일에 자신을 바쳐라. 우리 주변에 있는 젊은 클레렌스 토마스들이 진리와 사랑의 관계를, 거듭남의 복음과 자유의 복음의 관계를 깨닫도록 도우라.

태초에 말씀이 계시니라
이 말씀이 하나님과 함께 계셨으니

이 말씀은 곧 하나님이시니라 그가 태초에 하나님과 함께 계셨고 만물이 그로 말미암아 지은 바 되었으니 지은 것이 하나도 그가 없이는 된 것이 없느니라 그 안에 생명이 있었으니 이 생명은 사람들의 빛이라 빛이 어둠에 비치되 어둠이 깨닫지 못하더라 하나님께로부터 보내심을 받은 사람이 있으니 그의 이름은 요한이라 그가 증언하러 왔으니 곧 빛에 대하여 증언하고 모든 사람이 자기로 말미암아 믿게 하려 함이라 그는 이 빛이 아니요 이 빛에 대하여 증언하러 온 자라 참 빛 곧 세상에 와서 각 사람에게 비추는 빛이 있었나니 그가 세상에 계셨으며 세상은 그로 말미암아 지은 바 되었으되 세상이 그를 알지 못하였고 자기 땅에 오매 자기 백성이 영접하지 아니하였으나 영접하는 자 곧 그 이름을 믿는 자들에게는 하나님의 자녀가 되는 권세를 주셨으니 이는 혈통으로나 육정으로나 사람의 뜻으로 나지 아니하고 오직 하나님께로부터 난 자들이니라 말씀이 육신이 되어 우리 가운데 거하시매 우리가 그의 영광을 보니 아버지의 독생자의 영광이요 은혜와 진리가 충만하더라 _요 1:1-14

예수 그리스도의 복음으로 거듭난다

예수 그리스도의 복음은 무지와 불신앙이 있던 곳에
성령의 능력을 통해 영적 이해와 믿음을 창조한다.

최근 비샬 망갈와디의 "바흐에서 코베인까지"(From Bach to Cobain)라는 강연을 들었다. 이것은 그가 미네소타 대학에서 '해는 서쪽으로 져야 하는가?'(Must the Sun Set on the West?)라는 제목으로 했던 시리즈 강연의 일부다.

이 강연에서 그는 동양종교의 만투라(mantura, 주문) 사용에 대해 간략하게 말한다. 그의 강연을 듣는 중에 이 강연이 본장의 한 가지 핵심, 곧 '말씀'이 어떻게 거듭남을 일으키는가를 설명하는 데 도움이 되리라는 생각이 들었다.

그래서 만투라가 복음과 어떻게 다른지 살펴보면서 앞장에서 살펴본 베드로전서 1장 23절의 초점과 본장에서 살펴볼 요한복음 1장

12-13절의 초점을 연결해 보려 한다. 놀랍게도 아주 많은 종교 사이트가 만투라의 의미를 "태초에 말씀이 계시니라 이 말씀이 하나님과 함께 계셨으니 이 말씀은 곧 하나님이시니라"는 요한복음 1장 1절과 연결 짓는다.

이들이 말하는 핵심은 실체란 본질적으로 소리이며, 우리는 어떤 신성한 소리, 즉 만투라를 되풀이함으로써 궁극적 실체에 접근할 수 있다는 것이다.

어느 웹사이트는 만투라를 이렇게 설명한다. "단지 그 이름을 되뇌기만 해도 이해될 수 없는 것이 이해될 것이며, 단지 그 이름을 되뇌기만 해도 보일 수 없는 것이 보일 것이다."[주16]

만투라는 말의 의미를 분명히 하거나 말의 의미가 실체와 어떻게 상응하는지 보여 줌으로써 작용하는 게 아니다. 오히려 만투라는 의미 없는 소리의 결합이다. 만투라의 목적은 개념(idea)을 분명히 하는 게 아니라 개념을 모호하게 하여 궁극적 실체에 보다 즉각적으로 접근하는 것이다.

이런 문제에 대해 자신은 어떤 태도를 취하고 있는지 아는 게 매우 중요하다. 하나님이 지성(知性)을 통해 자신과 우리를 어떻게 연결하시는지 모르는 어떤 그리스도인들은 동양종교의 의식이 자신을 그리스도와 떼어 놓고 있을지도 모른다는 것을 전혀 눈치 채지 못한 채 이런 의식에 줏대 없이 휩쓸린다.

말씀이 육신이 되셨다 🍃

베드로전서 1장 23절은 "너희가 거듭난 것은 썩어질 씨로 된 것이 아니요 썩지 아니할 씨로 된 것이니 살아 있고 항상 있는 하나님의 말씀으로 되었느니라"고 말한다. 이 구절은 엄청나게 중요하다. 우리는 거듭났다. 다시 말해, 성령께서 우리를 그리스도와 연합시키셨고, 그래서 우리는 하나님의 말씀을 통해 새롭고 영원한 그리스도의 부활의 생명을 공유한다. 우리가 사망에서 생명으로 옮겨가는 이러한 기적은 하나님의 말씀을 들음으로 일어난다.

이제 당신은 결정을 내려야 한다. 이것은 하나님의 말씀을 만투라로 사용한다는 뜻인가, 아니면 하나님의 말씀을 예수 그리스도와 관련되며 그분과 이러한 사건들이 신자들에게 의미하는 바와 관련된 역사 속 실제 사건들을 말하는 명료한 이야기로 사용한다는 뜻인가? 우리는 거룩한 소리들을 되풀이하고 마음에서 생각을 비우며 궁극적 실체에 즉시 접근하는 신비로운 과정을 통해 신적 실체 하나님과 연결되는가? 아니면 명료한 하나님의 말씀을 예수 그리스도께서 역사 속에서 죽으시고 부활하실 때 우리를 위해 성취하신 일을 말하는 이야기로 듣고 믿음으로써 신적 실체인 십자가에 죽으시고 부활하신 예수 그리스도와 연결되는가?

베드로는 베드로전서 1장 23절에서 우리가 "살아 있고 항상 있는 하나님의 말씀으로" 거듭났다고 말한 후 25절에서 "너희에게 전한 복음이 곧 이 말씀이니라"고 말한다. 우리를 거듭나게 한 말씀은 "너희에게 전한 복음"인 것이다. 그렇다면 여기서 말하는 복음이란 무엇인가?

"형제들아 내가 너희에게 전한 복음을 너희에게 알게 하노니
이는 너희가 받은 것이요 또 그 가운데 선 것이라 너희가 만일
내가 전한 그 말을 굳게 지키고 헛되이 믿지 아니하였으면 그
로 말미암아 구원을 받으리라 내가 받은 것을 먼저 너희에게
전하였노니 이는 성경대로 그리스도께서 우리 죄를 위하여 죽
으시고 장사 지낸 바 되셨다가 성경대로 사흘 만에 다시 살아
나사 게바에게 보이시고 후에 열두 제자에게와"(고전 15:1-5).

복음은 사건들과 그 의미에 관한 소식이다. 복음은 일어난 사건들,
사람들이 눈으로 볼 수 있었고, 손으로 만질 수 있었으며, 마음으로
생각할 수 있었고, 입으로 묘사할 수 있었던 사건들에 관한 소식이다.
복음은 역사 속에서 일어난 예수님의 죽음과 부활과 이 사건이, 바울
이 말하듯이, 성경에서 의미를 얻는 데 관한 소식이다. "성경대로 그
리스도께서 우리 죄를 위하여 죽으시고."

바울은 고린도전서 15장 2절에서 우리가 이 소식을 믿어 구원을 받
았다고 말한다. 우리가 이 소식을 믿은 것은 이 소식을 들었고 이해했
기 때문이다. 바울은 이 단락을 끝내면서 고린도전서 15장 11절에서
이렇게 말한다. "그러므로 나나 그들이나 이같이 전파하매 너희도 이
같이 믿었느니라." 바울이 로마서 10장 17절에서 말하는 바와 같다.
"믿음은 들음에서 나며 들음은 그리스도의 말씀으로 말미암았느니
라." 갈라디아서 3장 2, 5절에서 말하는 바와도 같다. "너희가 성령을
받은 것이 율법의 행위로냐 혹은 듣고 믿음으로냐 …… 너희에게 성
령을 주시고 너희 가운데서 능력을 행하시는 이의 일이 율법의 행위

에서냐 혹은 듣고 믿음에서냐."

"듣고 믿음"은 우리가 "살아 있고 항상 있는 하나님의 말씀으로" 거듭날 때 이루어지는 것이다. 복음, 즉 예수 그리스도에 관한 소식이 전파되며, 우리가 그 복음을 듣고 그 복음을 통해 거듭난다. 믿음이 생긴다. "[하나님이] 자기의 뜻을 따라 진리의 말씀으로 우리를 낳으셨느니라"(약 1:18).

이 진리, 살아 있고 항상 있는 이 말씀, 이 복음은 만투라가 아니다. 이 진리는 만투라처럼 작용하지 않는다. 이 말씀은 신성한 소리의 반복을 통해 작용하지 않는다. 이 복음이 작용하는 이유는 이 복음이 예수님이 죽으시고 부활하실 때 실제로 일어난 일에 관한 명료한 진리이기 때문이며, 하나님이 우리로 자신의 아들이 실제로 누구며 죄인들을 구원하기 위해 실제로 무엇을 했는지 알고 믿게 함으로써 그 아들을 영화롭게 하려 하시기 때문이다.

"너희가 거듭난 것은 …… 살아 있고 항상 있는 하나님의 말씀으로 되었느니라"(벧전 1:23)는 말씀은 만투라를 지탱하는 전반적인 세계관이 잘못되었음을 보여 준다. 만투라의 세계관은 역사에 뿌리를 두지 않는다. 예수 그리스도에 뿌리를 두지 않는다. 명료한 역사적 이야기에 뿌리를 두지 않는다. 그리스도의 가르침에서 의미를 찾아내야 하는 지성의 책임에 뿌리를 두지 않는다. 십자가에 죽으시고 부활하신 그리스도의 복음을 보고 또 믿어야 하는 영혼의 의무에 뿌리를 두지 않는다.

나는 예수 그리스도를 따르는 자들이 그분을 높이고, 성경에 젖으며, 분별력을 갖길 바란다. 예를 들면, 자신이 무슨 짓을 하는지도 모르면서 요가 강좌에 쉽게 등록하는 일이 없길 기도한다. 만투라가 입이라면 요가는 몸이다. 둘은 동일한 세계관에 뿌리를 둔다. 우리 동네 한 요가 학원 홈페이지에 접속해 '몸짱반'(fitness class)을 클릭하면 기초 요가, MS 요가, 어린이 요가, 청소년 댄스와 요가, 모두를 위한 요가 등 요가라는 단어가 22회나 나온다. 그 가운데 하나에 이런 설명을 해 놓았다. "만투라 요가를 할 때 지성과 감성을 초월할 때까지 하나의 단어나 어구를 되풀이해야 한다. 이 과정에서 초의식(超意識)을 발견하고 얻는다."[주17] 그리고 요가 자체를 이렇게 설명한다.

> 요가는 마음과 몸의 조화에 초점을 맞춘다. 요가 철학은 인도의 형이상학적 믿음에서 유래했다. 요가라는 말은 산스크리트어에서 왔으며, 연합(union)이나 융합(merger)이라는 뜻이다. 요가 철학의 궁극적 목적은 몸과 마음의 균형을 맞춰 자기성찰에 이르는 것이다. 요가는 삶에 대한 건강하고 활력이 넘치며 균형 잡힌 접근을 통해 이러한 목적을 이루기 위해 호흡, 자세, 이완, 명상 등의 방법을 사용한다.[주18]

우리는 살아 있고 항상 있는 하나님의 말씀으로 거듭났다. 이 말씀은 십자가에 죽으시고 부활하신 예수 그리스도의 복음이다. 다른 복음의 먹이가 되지 말라. 다른 복음은 없으며, 복음이 말하는 예수 그리스도의 소식을 듣고 이해하고 믿는 외에 하나님께, 또는 궁극적 행복에 이르는 길은 없다.

그래서 우리는 "태초에 말씀이 계시니라 이 말씀이 하나님과 함께 계셨으니 이 말씀은 곧 하나님이시니라"(요 1:1)라는 구절을 살필 때, 여기서 멈추지 않고 이 말씀을 문맥에서 떼어, 명상과 만투라와 요가를 통해 육체를 초월하려는 세계관에 대입해 보겠다. 아니, 14절까지 읽고 그 이상까지 나가 보겠다. "말씀이 육신이 되어 우리 가운데 거하시매 우리가 그의 영광을 보니 아버지의 독생자의 영광이요 은혜와 진리가 충만하더라"(14절).

이것이 우리를 거듭나게 하는 말씀이 만투라일 수 없는 이유다. 말씀이 육신이 되어 우리 가운데 거하셨고 완전한 삶을 사셨으며, 우리를 대신해 죽으셨고, 하나님의 진노를 친히 받으셨으며, 죽은 자 가운데서 육체로 다시 살아나셨다. 이것이 이제 우리에게 복음이라는 역사적 이야기가 되었다. 말씀은 하나님이었고 하나님이다. 그분은 소리가 아니었다. 인격체였다. 그분이 말씀이라 불렸던 이유는 아버지 하나님의 전부를 나타내시기 때문이다.

말씀이 육신이 되었다. 그분의 구원 이야기─복음, 하나님의 말씀─인 말씀, 곧 예수 그리스도께서 우리에게 오셔서 우리를 거듭나게 하시고 새롭게 하시는 방법이다. 우리는 이 말씀을 들으며, 은혜로 이 말씀을 이해하며, 이 말씀을 받으며, 이 말씀을 통해 거듭난다. 그리고 우리는 절대로, 절대로 우리 마음에서 이 말씀을 비우려 하지 않는다. 만투라나 다른 어떤 수단을 통해서도 절대로 그러지 않는다.

하나님의 낳음과 우리의 믿음

요한복음 1장 11-13절을 간략히 살펴보자.

"자기 땅에 오매 자기 백성이 영접하지 아니하였으나 영접하는 자 곧 그 이름을 믿는 자들에게는 하나님의 자녀가 되는 권세를 주셨으니 이는 혈통으로나 육정으로나 사람의 뜻으로 나지 아니하고 오직 하나님께로부터 난 자들이니라."

이 본문은 베드로전서 1장 22-23절과 구조가 동일하다. 12절에서 하나님의 자녀가 되는 권세를 받은 자들은 그리스도를 영접하고 그 이름을 믿는 자들이다. 그러므로 하나님의 자녀 되기는 믿음과 관련이 있다. 본문은 이 둘 가운데 어느 쪽이 어느 쪽의 원인인지 말하지 않고 둘이 관련이 있다고만 말한다. 그리스도를 영접하면, 그리스도의 이름을 믿으면, 당신은 하나님의 자녀다. 다시 말해, 거듭났으며 영원히 하나님의 자녀다. 그러므로 하나님의 자녀 되기는 우리의 믿는 행위와 관련이 있다. 이것은 베드로전서 1장 22절과 같다.

그런데 요한복음 1장 13절에서, 거듭남은 우리의 믿는 행위가 아니라 하나님의 낳는 행위와 연결된다. "이는 혈통으로나 육정으로나 사람의 뜻으로 나지 아니하고 오직 하나님께로부터 난 자들이니라."

13절이 이 점을 강조하는 목적은 거듭남이 평범한 인간 대리자에게서 기인(起因)하지 않음을 분명히 하기 위해서다.

세 개의 부정 진술이 나온다. 혈통으로 나지 아니하고, 육정으로 나지 아니하며, 사람의 뜻으로(of the will of man, 문자적으로 "남자에게서" 즉 "남편에게서") 나지 아니한다. 여기서는 하나님의 가족이라는 사실이 어느 인간 가족 — 유대인 가족을 포함해 — 의 일원이냐는 사실과 결정적인 관계가 없다는 점이 강조된다. 거듭남은 처음에 누구에게서 태어났느냐에 달린 게 아닌 것이다.

'혈통으로 나지 아니한다'는 말은 혈통이 다른 두 사람의 결합이 의미를 갖지 못한다는 뜻이다. 이들의 결합으로 하나님의 자녀가 태어나는 게 아니다. '육정으로 나지 아니한다'는 말은 단지 인간(육체)일 뿐인 인간은 하나님의 자녀를 낳지 못한다는 뜻이다. 예수님은 요한복음 3장 6절에서 "육(flesh)으로 난 것은 육이요"라고 말씀하신다. 육은 육밖에 못 낳는다. '남자의 뜻으로 나지 아니한다'는 말은 아무리 거룩한 남편도 하나님의 자녀를 낳지 못한다는 뜻이다.

이 모두의 대안은 인간의 그 어떤 행위가 아니라 하나님 자신이다. 13절을 보라. "이는 혈통으로나 육정으로나 사람의 뜻으로 나지 아니하고 오직 하나님께로부터 난 자들이니라."

하나님은 인간의 혈통과 인간의 뜻과 인간 남편보다 결정적으로 위에 계신 분이다. 그리스도를 영접하고 그 이름을 믿은 자들은 하나님에게서 났다. 이들은 거듭났다.

요한복음 1장 12-13절은 거듭남이 인간의 일이 아니라 하나님의 일이라는 점을 강조한다. 그렇다면 요한은 우리의 믿음과 하나님의 낳음의 관계를 어떻게 이해하는가? 하나님의 낳음이 우리의 믿음의 원인인가? 아니면 우리의 믿음이 하나님의 낳음을 일으키는가? 거듭남이 믿음을 낳는가 아니면 믿음이 거듭남을 낳는가? 우리에게 이 구절들만 있다면, 육정으로 나지 아니하고 하나님에게서 났다는 점이 강조된다. 다시 말해, 인간의 믿음이 아니라 하나님의 낳음이 거듭남의 결정적인 요인으로 보인다.

그러나 요한이 거듭남에서 우리의 믿음과 하나님의 일이 어떤 관계라고 가르치는지 알아내기 위해 이 구절들만 의지해야 하는 건 아니다. 요한은 요한일서 5장 1절에서 분명하게 말한다. 요한일서 5장 1절은 신약에서 믿음과 거듭남의 관계를 가장 분명하게 말하는 구절이다. 동사에 주목하며 요한일서 5장 1절을 읽어 보자. "예수께서 그리스도이심을 믿는 자마다 하나님께로부터 난 자니."

다음은 이 구절에 대한 존 스토트의 해석인데, 나는 그의 해석에 전적으로 동의한다.

> 현재시제(믿는/believes)와 완료시제(난/has been born)의 결합이 중요하다. 이것은 믿음이 거듭남의 원인이 아니라 결과임을 분명하게 보여 준다. 우리가 지금 계속하고 있는 믿는 행위는 결과이며, 따라서 거듭남이라는 우리의 과거 경험에 대한 증거다. 우리는 거듭남을 통해 하나님의 자녀가 되었으며 지금도 하나님의 자녀다.[주19]

우리를 거듭나게 하시는 하나님의 행위는 영적 죽음과 불신앙만 있던 곳에 신자가 생겨나게 하는 것이다. 거듭남은 하나님이 신자를 창조하시는 행위다. 이러한 새 창조는 하나님의 말씀을 통해(벧전 1:23; 약 1:18 참조) 일어나기 때문이다. 예수 그리스도의 복음은 무지와 불신앙이 있던 곳에 성령의 능력을 통해 영적 이해와 믿음을 창조한다.[주20] 복음은 예수 그리스도의 영광을 나타내는 역사적 사건들 ― 십자가와 부활 ― 의 이야기로써 이렇게 한다(고후 4:4-6 참조). 이러한 이야기는 거듭남을 일으키고 믿음을 일깨우는 하나님의 능력이다(롬 1:16 참조).

거듭남은 만투라나 이와 비슷한 무엇인가를 통해 일어나지 않는다. 거듭남은 역사적 인물이신 예수 그리스도를 우리 삶의 구원자요 주님이요 보화로 받아들이는 행위, 곧 하나님이 주셨으며 맑은 정신에서 이루어지는 의식적인 행위를 통해 일어난다.

복음에서, 그분의 삶과 죽음과 부활과 이것들이 당신의 삶에 의미하는 바에 관한 이야기에서 그분을 보라. 그분의 영광과 그분의 진리를 보라. 그분을 영접하고 그분의 이름을 믿어라. 그러면 하나님의 자녀가 된다.

Finally
Alive

예수께서 그리스도이심을
믿는 자마다 하나님께로부터 난 자니 또한
낳으신 이를 사랑하는 자마다 그에게서 난 자를 사랑하느니라 우리가 하나
님을 사랑하고 그의 계명들을 지킬 때에 이로써 우리가 하나님의 자녀를 사
랑하는 줄을 아느니라 하나님을 사랑하는 것은 이것이니 우리가 그의 계명
들을 지키는 것이라 그의 계명들은 무거운 것이 아니로다 무릇 하나님께로
부터 난 자마다 세상을 이기느니라 세상을 이기는 승리는 이것이니 우리의
믿음이니라 예수께서 하나님의 아들이심을 믿는 자가 아니면 세상을 이기
는 자가 누구냐 _요일 5:1-5

거듭난 영혼은 세상을 이긴다

우리의 최고 보화가 되려 하며
우리를 노예로 삼으려는 세상을 이기는 힘은 믿음이다.

이제 거듭남의 결과와 증거에 눈을 돌리자. 우리는 이제 이렇게 묻는다. 거듭남은 어디로 이어지는가? 거듭남은 우리의 삶에서 어떤 열매를 맺는가? 당신의 삶에서, 하나님이 당신을 거듭나게 하셨다는 표시는 무엇인가?

이제 거듭남의 결과에 초점을 맞추기 위해 성경에서 이 질문에 답하는 데 거의 전적으로 집중하는 요한일서에 눈을 돌려 보자.

내 서재에는 로버트 로우가 쓴 「삶의 테스트」(The Tests of Life)라는 책이 있는데, 100년이 넘은 요한일서 주석이다.[21] 제목이 좋다. 이것은 요한이 이 편지를 쓴 목적은 우리가 영적 생명을 가졌는지, 우리가 거듭났는지 알아보는 테스트나 기준을 제시하는 데 있었다는 뜻이다.

당신이 스스로 요한일서를 읽도록 독려하기 위해, 요한일서는 당신이 거듭났음을 알도록 도우려는 목적에서 기록되었다는 내 말이 무슨 뜻인지 간략히 설명하겠다. 본장에서는 요한일서를 개괄하면서 5장 3-4절을 간략히 살펴보겠다. 요한일서 전체는 내게 매우 깊은 영향을 미쳤다. 당신에게도 그러길 바란다.

요한의 열망

요한은 왜 이 편지를 썼을까? 요한은 그 이유를 여러 가지로 제시한다. 그가 제시하는 이유를 그가 제시하는 순서대로 살펴보자.

  • **요한일서 1:4.** "우리가 이것을 씀은 우리의 기쁨이 충만하게 하려 함이라." 요한은 당당한 기독교 희락주의자(Christian Hedonist)다.[22] 확신에 찬 수신자들의 기쁨이 요한의 기쁨이 된다. 요한은 이런 기쁨을 원한다. 이런 기쁨을 원하는 것은 좋다.

  • **요한일서 2:1.** "나의 자녀들아 내가 이것을 너희에게 씀은 너희로 죄를 범하지 않게 하려 함이라 만일 누가 죄를 범하여도 아버지 앞에서 우리에게 대언자가 있으니 곧 의로우신 예수 그리스도시라." 요한은 자신의 편지가 수신자들에게 죄를 이기는 새로운 힘이 되길 바란다. 이들이 죄를 이기도록 돕기 위해 요한이 사용하는 한 가지 방법은 실패했다고 영생을 잃는 게 아니라는 사실을 이들에게 확신시키는 것이다.

• **요한일서 2:12-13.** "자녀들아 내가 너희에게 쓰는 것은 너희 죄가 그의 이름으로 말미암아 사함을 받았음이요 아비들아 내가 너희에게 쓰는 것은 너희가 태초부터 계신 이를 알았음이요 청년들아 내가 너희에게 쓰는 것은 너희가 악한 자를 이기었음이라." 요한은 수신자들이 진정한 신자라는 소망으로 넘친다. 이들은 용서받았으며, 하나님을 안다. 이들은 악한 자를 이겼다.

• **요한일서 2:21.** "내가 너희에게 쓰는 것은 너희가 진리를 알지 못하기 때문이 아니라 알기 때문이요 또 모든 거짓은 진리에서 나지 않기 때문이라." 요한이 이 편지를 쓴 것은 수신자들이 그리스도인의 삶을 시작하도록 돕기 위해서가 아니라 이들이 이미 그리스도인의 삶을 살고 있음을 확인시켜 주기 위해서다.

• **요한일서 2:26.** "너희를 미혹하는 자들에 관하여 내가 이것을 너희에게 썼노라." 요한은 거짓 가르침을 걱정한다. 요한이 이 편지를 쓴 것은 수신자들을 미혹하려는 자들에게서 이들을 지키기 위해서다. 우리가 거듭났다는 사실이 우리에게 더 이상 경고가 필요 없다는 뜻은 아니다.

• **요한일서 5:13.** "내가 하나님의 아들의 이름을 믿는 너희에게 이것을 쓰는 것은 너희로 하여금 너희에게 영생이 있음을

알게 하려 함이라." 이것이 이 편지의 두드러진 목적이다. 이 편지 내용 가운데 대부분은 삶의 테스트를 제공하는 데 목적이 있다. "내가 이것을 쓰는 것은 너희로 하여금 너희에게 영생이 있음을 알게 하려 함이라." 당신 스스로 자신이 거듭났음을 알게 하기 위해서인 것이다.

요한일서를 기록한 이 모든 이유를 종합하면 이렇다. "내가 이 편지를 쓰는 것은 너희가 진정한 신자이기 때문이라. 그러나 너희 중에 속이는 자들이 있으니, 너희가 거듭난 하나님의 자녀로서 영생을 가졌음을 굳게 확신하여 죄를 지은 후에도 미혹되지 않기를 바라노라. 이 편지가 이런 결과를 낸다면 내 기쁨이 충만하리라."

요한이 이 편지를 쓴 이유의 중심에는 수신자들로 자신들이 거듭났음을, 이제 영적 생명을, 영원한 생명을 소유했음을 알도록 도우려는 열망이 있다.

거듭남의 열한 가지 증거

요한일서 5장 3-4절을 집중적으로 살펴보기 전에 요한일서에 대한 한 가지 개괄을 더 생각해 보자. 요한은 거듭남의 증거로 적어도 열한 가지를 제시하는데, 믿음과 사랑으로 요약할 수 있다. 그러나 여기서는 요한이 말하는 방식 그대로 두겠다. 다음에 인용된 모든 구절이 거듭남과 관련된 용어를 사용하지는 않는다. 그러나 잠시만 생각해 보면 거듭남과 관련된 용어가 없는 구절에도 그 실재가 있다는 게 분명해진다. 다음은 요한이 제시하는 거듭남의 열한 가지 증거다.

1. 그분의 계명을 지킨다.

"우리가 그의 계명을 지키면 이로써 우리가 그를 아는 줄로 알 것이요 그를 아노라 하고 그의 계명을 지키지 아니하는 자는 거짓말하는 자요 진리가 그 속에 있지 아니하되"(요일 2:3-4).

"그의 계명을 지키는 자는 주 안에 거하고 주는 그의 안에 거하시나니"(요일 3:24).

2. 그리스도께서 행하신 대로 행한다.

"누구든지 그의 말씀을 지키는 자는 하나님의 사랑이 참으로 그 속에서 온전하게 되었나니 이로써 우리가 그의 안에 있는 줄을 아노라 그의 안에 산다고 하는 자는 그가 행하시는 대로 자기도 행할지니라"(요일 2:5-6).

3. 형제를 미워하지 않고 사랑한다.

"빛 가운데 있다 하면서 그 형제를 미워하는 자는 지금까지 어둠에 있는 자요"(요일 2:9).

"우리는 형제를 사랑함으로 사망에서 옮겨 생명으로 들어간 줄을 알거니와 사랑하지 아니하는 자는 사망에 머물러 있느니라"(요일 3:14).

"사랑하는 자들아 우리가 서로 사랑하자 사랑은 하나님께 속한 것이니 사랑하는 자마다 하나님으로부터 나서 하나님을 알

고 사랑하지 아니하는 자는 하나님을 알지 못하나니 이는 하나
님은 사랑이심이라"(요일 4:7-8).

"누구든지 하나님을 사랑하노라 하고 그 형제를 미워하면
이는 거짓말하는 자니"(요일 4:20).

4. 세상을 사랑하지 않는다.

"누구든지 세상을 사랑하면 아버지의 사랑이 그 안에 있지
아니하니"(요일 2:15).

5. 아들을 시인하며 영접한다.

"아들을 부인하는 자에게는 또한 아버지가 없으되 아들을
시인하는 자에게는 아버지도 있느니라"(요일 2:23).

"누구든지 예수를 하나님의 아들이라 시인하면 하나님이 그
의 안에 거하시고 그도 하나님 안에 거하느니라"(요일 4:15).

"아들이 있는 자에게는 생명이 있고 하나님의 아들이 없는
자에게는 생명이 없느니라"(요일 5:12).

6. 의를 행한다.

"너희가 그가 의로우신 줄을 알면 의를 행하는 자마다 그에
게서 난 줄을 알리라"(요일 2:29).

7. 습관적으로 죄를 짓지 않는다.

"그 안에 거하는 자마다 범죄하지(keep on sinning, 계속해서 죄

를 짓지) 아니하나니 범죄하는 자마다 그를 보지도 못하였고 그를 알지도 못하였느니라"(요일 3:6).

"하나님께로부터 난 자마다 죄를 짓지(makes a practice of sinning, 습관적으로 죄를 짓지) 아니하나니 이는 하나님의 씨가 그의 속에 거함이요 그도 범죄하지 못하는(cannot keep on sinning) 것은 하나님께로부터 났음이라 이러므로 하나님의 자녀들과 마귀의 자녀들이 드러나나니 무릇 의를 행하지 아니하는 자나 또는 그 형제를 사랑하지 아니하는 자는 하나님께 속하지 아니하니라"(요일 3:9-10).

"하나님께로부터 난 자는 다 범죄하지(keep on sinning) 아니하는 줄을 우리가 아노라 하나님께로부터 나신 자가 그를 지키시매 악한 자가 그를 만지지도 못하느니라"(요일 5:18).

8. 성령이 있다.

"우리에게 주신 성령으로 말미암아 그가 우리 안에 거하시는 줄을 우리가 아느니라"(요일 3:24).

"그의 성령을 우리에게 주시므로 우리가 그 안에 거하고 그가 우리 안에 거하시는 줄을 아느니라"(요일 4:13).

9. 사도들의 말을 순종하는 자세로 듣는다.

"우리는 하나님께 속하였으니 하나님을 아는 자는 우리의 말을 듣고 하나님께 속하지 아니한 자는 우리의 말을 듣지 아니하나니 진리의 영과 미혹의 영을 이로써 아느니라"(요일 4:6).

10. 예수님이 그리스도이심을 믿는다.

"예수께서 그리스도이심을 믿는 자마다 하나님께로부터 난 자니"(요일 5:4).

11. 세상을 이긴다.

"무릇 하나님께로부터 난 자마다 세상을 이기느니라 세상을 이기는 승리는 이것이니 우리의 믿음이니라"(요일 5:4).

거듭나면 완벽해진다?

이 모든 '삶의 테스트'를 오해한 나머지 요한이 이렇게 말한다고 생각할지도 모른다. "거듭났다면, 완전하다. 거듭났다면, 전혀 죄를 짓지 않는다. 그리스도인의 삶에 패배란 없다. 승리뿐이다." 이런 생각을 한다면 요한일서를 심각하게 오해하는 것이다.

또 다른 오해는 이러한 테스트를 거친 후, 어쩌면 구원 받지 못할지도 모른다는 생각을 갖는 것이다. 다시 말해, 우리가 한동안 거듭난 신분일 수 있으나 어느 순간 이러한 테스트를 통과하지 못하고 죽으며 거듭날 때 받은 영적 생명을 결국 잃을지 모른다고 생각하는 것이다. 이러한 생각도 요한일서를 심각하게 오해하는 것이다.

요한은 자신의 말이 이러한 두 형태로 오해 받을지 모른다는 것을 아주 잘 알았다. 그래서 그는 신약의 여느 저자 못지않게 사실은 그렇지 않다고 분명하게 말한다. 그리스도인들은 죄 없는 사람이 아니며, 거듭난 사람들은 절대로 새 생명을 잃지 않는다.

그는 요한일서 1장 8-10절에서 다음과 같이 말한다. "만일 우리가 죄가 없다[현재시제]고 말하면 스스로 속이고 또 진리가 우리 속에 있지 아니할 것이요 만일 우리가 우리 죄를 자백하면[현재시제] 그는 미쁘시고 의로우사 우리 죄를 사하시며 우리를 모든 불의에서 깨끗하게 하실 것이요 만일 우리가 범죄하지 아니하였다 하면 하나님을 거짓말하는 이로 만드는 것이니 또한 그의 말씀이 우리 속에 있지 아니하니라."

요한은 "빛 가운데 행한다"(1:7)는 말이 흠 없이 행한다는 뜻은 아니라고 애써 말한다. 당신이 비틀거릴 때 그리스도의 빛이 당신으로 이것을 죄로 보고 미워하며 고백하고 용서 받으며 그리스도와 함께 전진하게 한다는 뜻이다.

그리고 요한은 우리가 이러한 '삶의 테스트'로부터 거듭난 이후에 새 생명을 잃고 다시 잃어버린 자로 돌아가기도 한다고 추론해서는 안 된다는 점도 분명히 하길 원한다. 요한일서 2장 19절은 성경에서 누군가 교회를 떠날 때 일어나는 일을 이해하는 또 다른 방식이 있음을 보여 주는 가장 분명한 구절 가운데 하나다. "그들이 우리에게서 나갔으나 우리에게 속하지 아니하였나니 만일 우리에게 속하였더라면 우리와 함께 거하였으려니와 그들이 나간 것은 다 우리에게 속하지 아니함을 나타내려 함이니라."

요한이 우리의 오해를 막으려고 말하는 세 가지에 주목하라.

1. 거듭났다고 보이지만 믿음을 버린 자들은 절대로 거듭난 게 아니다. 그들은 절대로 우리에게 속하지 않았다. "그들이 우

리에게서 나갔으나 우리에게 속하지 아니하였나니."

그들이 거듭남을 잃은 게 아니다. 그들은 절대로 거듭나지 않았다.

2. 진정으로 거듭난 자들은("우리에게 속한" 자들은) 끝까지 믿음을 지킨다. "만일 우리에게 속하였더라면 우리와 함께 거하였으려니와"(19절).

인내가 거듭남의 원인이 아니다. 거듭남이 인내의 원인이며, 인내는 거듭남의 증거다.

3. 하나님은 진리와 하나님의 사람들을 거부하는지를 토대로 교회 안의 거짓 그리스도인들을 드러내실 때가 많다. 19절을 보라. "그들이 나간 것은 다 우리에게 속하지 아니함을 나타내려 함이니라."

분명해졌다. 우리 시대에도 누가 "우리에게 속했는지" 분명해질 때가 많다.

요한일서 4장 6절에 나오는 삶의 테스트 가운데 하나는 진정으로 하나님을 아는 자들은 사도들의 가르침에 귀를 기울인다는 것이다. 이들은 사도들의 가르침을 사랑하며 붙잡는다. "하나님을 아는 자는 우리의 말을 듣고 하나님께 속하지 아니한 자는 우리의 말을 듣지 아니하나니."

하나님께 속하지 않은 자들이 잠시 귀를 기울였다. 말씀의 씨가 싹을 틔웠고 마치 진정으로 거듭난 것 같았다. 그러나 어느 순간 어려움이 찾아오고 삶의 염려와 부와 즐거움이 이들을 휩쓸었으며, 이들은 자신이 전혀 거듭나지 않았음을 보여 주었다.

믿음이 세상을 이긴다

여기서는 요한일서 5장 3-4절을 간략히 살펴보고 다음 장에서 자세히 살펴보겠다. 이러한 생각들이 연결되는 방식에 주목하라. 여기에는 세 고리 사슬이 있다.

"[첫째 고리] 하나님을 사랑하는 것은 이것이니 우리가 그의 계명들을 지키는 것이라 그의 계명들은 무거운 것이 아니로다 [둘째 고리] 무릇 하나님께로부터 난 자마다 세상을 이기느니라 [셋째 고리] 세상을 이기는 승리는 이것이니 우리의 믿음이니라."

첫째 고리

하나님 사랑은 가벼운 마음으로 하나님의 계명에 순종하는 모습으로 나타난다. 3절을 보자. "하나님을 사랑하는 것은 이것이니 우리가 그의 계명들을 지키는 것이라 그의 계명들은 무거운 것이 아니로다." 하나님 사랑의 표시는 억지 순종이 아니라 자발적인 기쁨의 순종이다.

둘째 고리

자발적 순종이 세상을 이기는 거듭남의 힘이다. "무릇 하나님께로부터 난 자마다 세상을 이기느니라"(4절. 4절은 이유를 나타내는 접속사 for

로 시작되는데, 이것은 뒤에 이어지는 내용이 앞에 나온 내용의 근거라는 것을 의미한다).

우리의 하나님 사랑이 하나님을 기쁨으로 순종하는 이유는 우리가 거듭날 때 세상은 매력과 힘을 잃기 때문이다. 우리의 거듭남 때문에 세상이 강한 매력을 잃을 때, 하나님과 그분의 거룩한 뜻이 유혹을 얻는다. 그분의 뜻은 무거운 게 아니다. 어떻게 이렇게 되는가?

셋째 고리

세상을 이기는 힘, 곧 죄의 유혹을 없애고 하나님의 뜻을 무거운(부담스러운) 게 아니라 아름다운 것으로 만드는 힘은 우리의 믿음이다. "세상을 이기는 승리는 이것이니 우리의 믿음이니라"(4절).

그러므로 사고(思考)의 사슬은 이렇게 이어진다. 우리가 살아 있고 항상 있는 말씀, 곧 복음을 만날 때 거듭남이 일어난다. 거듭남의 첫째 결과는 우리가 하나님과 하나님의 아들과 하나님의 일과 하나님의 뜻을 가장 아름답고 귀한 것으로 보며 또 받아들인다는 것이다. 이것이 믿음이다. 믿음이 세상을 이긴다. 다시 말해, 우리의 최고 보화가 되려 하며 우리를 노예로 삼으려는 세상을 이기는 힘은 믿음이다.

믿음은 우리를 자기 종으로 삼으려는 세상의 유혹을 없애버린다. 이런 방식으로, 믿음은 우리를 자유로운 기쁨의 순종으로 인도한다. 하나님과 그분의 거룩한 뜻이 무거워 보이지 않고 아름다워 보인다. 거듭남은 보지 못하는 자들의 눈을 열고, 우리는 사물을 참모습 그대로 본다. 마침내 우리는 기쁨으로 자유롭게 순종한다.

하나님께서 당신이 삶 가운데서 세상 유혹을 이기게 하심으로써 당신의 영적 실재, 곧 당신의 거듭남을 확인시켜 주시길 기도한다. "무릇 하나님께로부터 난 자마다 세상을 이기느니라 세상을 이기는 승리는 이것이니 우리의 믿음이니라"(요일 5:4).

예수께서 그리스도이심을
믿는 자마다 하나님께로부터 난 자니 또한
낳으신 이를 사랑하는 자마다 그에게서 난 자를 사랑하느니라 우리가 하나
님을 사랑하고 그의 계명들을 지킬 때에 이로써 우리가 하나님의 자녀를 사
랑하는 줄을 아느니라 하나님을 사랑하는 것은 이것이니 우리가 그의 계명
들을 지키는 것이라 그의 계명들은 무거운 것이 아니로다 무릇 하나님께로
부터 난 자마다 세상을 이기느니라 세상을 이기는 승리는 이것이니 우리의
믿음이니라 예수께서 하나님의 아들이심을 믿는 자가 아니면 세상을 이기
는 자가 누구냐 _요일 5:1-5

풍성한 관계의 열매를 맺다

하나님은 그리스도 안에서 나를 보신다.
그러기에 나는 실패해도 절망하지 않는다.

이번 장에서 다룰 요한일서 5장 1-5절 부분은 매우 중요하다. 나의 목적 가운데 하나는 우리가 사람들을 불완전하게 사랑하는 능력이 이미 그리스도 안에서 이들을 완전하게 사랑한다는 확신에 기초한다는 사실을 보여 주는 것이다.

당신이 마땅히 사랑해야 하는 대로 사랑하지 못할 때라도 그리스도의 완전함이 이러한 당신의 실패를 대신해 하나님 앞에 선다는 것을 당신이 직접 깨닫길 원한다. 그리고 사람들에 대한 사랑이 아니라 그리스도를 믿는 믿음이 그리스도와의 이러한 연합을 누리는 길이라는 것도 깨닫길 바란다. 그러므로 믿음이 먼저 와야 하며, 사랑의 뿌리여야 하며, 사랑과 달라야 한다. 그렇지 않으면 사랑은 무너진다.

이런 방법으로 사랑에 접근하지 않으면, 거듭되는 실패 때문에 죄책감과 절망에 짓눌리기 쉽다. 이렇게 되면 힘겨운 율법주의나 숙명론적 부도덕에 빠지고 만다.

앞장을 끝내면서 다뤘던 요한일서 5장 3-4절의 생각의 사슬에서 시작하자. 여기서 시작하는 것은 중생, 그리스도를 믿는 믿음, 사람들에 대한 사랑이 서로 어떻게 연결되는지 알아보기 위해서다.

어떤 변화가 일어나느냐는 내가 이 부분에 관해 믿는 바를 당신이 읽느냐에 달린 게 아니라 당신이 하나님의 말씀에서 이 부분을 직접 확인하느냐에 달렸다. 이 점을 염두에 두고 설명하겠다.

첫째 고리 : 사람들 사랑하기

3절은 다음과 같이 말한다. "하나님을 사랑하는 것은 이것이니 우리가 그의 계명들을 지키는 것이라 그의 계명들은 무거운 것이 아니로다."

때로 사람들은 계명 지키기와 하나님 사랑하기를 동일시한다. 그러면서 "너희가 나를 사랑하면 나의 계명을 지키리라"는 요한복음 14장 15절을 자주 인용한다. 그러나 이 본문은 그리스도 사랑하기와 그분의 계명 지키기를 분명하게 구분한다.

그리스도 사랑하기와 그분의 계명 지키기는 다르다. 전자(前者)가 후자(候者)로 이어진다. 그리스도를 사랑하면 그분의 계명을 지키는 것이다.

예수님 사랑하기-또는 하나님 사랑하기-가 그분이 주신 계명 지키기를 포함한다는 말은 틀린 게 아니다. 그러나 이것이 전부는 아니다. 요한이 요한일서 5장 3절에서 "그의 계명들은 무거운 것이 아니로다"라고 말하는 이유가 여기 있다. 하나님 사랑하기는 외적 순종에 불과하지 않다. 하나님을 사랑한다는 말은 그분의 계명을 무겁게 느끼지 않는 마음을 가졌다는 뜻이다.

하나님의 계명이 무겁지 않다면 어떻다는 말인가? 하나님의 계명은 바랄 만하다. 우리가 진심으로 하고 싶은 일은 무겁지(부담스럽지) 않다. 시편 기자의 고백을 들어 보라.

- "나의 하나님이여 내가 주의 뜻 행하기를 즐기오니 주의 법이 나의 심중에 있나이다"(시 40:8).
- "주의 증거들은 나의 즐거움이요 나의 충고자니이다"(시 119:24).
- "나로 하여금 주의 계명들의 길로 행하게 하소서 내가 이를 즐거워함이니이다"(시 119:35).
- "주의 법이 나의 즐거움이 되지 아니하였더면 내가 내 고난 중에 멸망하였으리이다"(시 119:92).

하나님을 사랑한다는 말은 그분의 뜻이 우리의 기쁨이며 절대로 무겁지 않을 정도로 그분을 아주 뜨겁게, 진정으로, 높이고 귀히 여기며 갈망한다는 뜻이다.

요한일서 5장 3-4절의 다음 연결고리로 넘어가기 전에 사도 요한이 하나님의 계명 지키기를 하나님 사랑하기의 한 표현으로 말할 때 특별히 염두에 둔 계명이 무엇인지 확실히 알아 두자.

4장 20절에서 출발한 사고(思考)의 열차를 따라가다 보면, 요한이 특별히 염두에 둔 계명이 무엇인지 매우 분명해진다. 요한은 4장 20절에서 이렇게 말한다. "누구든지 하나님을 사랑하노라 하고 그 형제를 미워하면 이는 거짓말하는 자니 보는 바 그 형제를 사랑하지 아니하는 자는 보지 못하는 바 하나님을 사랑할 수 없느니라."

그러므로 요한이 하나님 사랑하기의 한 표현이라고 생각한 일차적 순종은 사람들 사랑하기, 특히 신자 사랑하기인 것 같다.

요한은 요한일서 5장 1절에서도 이러한 시각을 견지한다. "예수께서 그리스도이심을 믿는 자마다 하나님께로부터 난 자니."

여기서도 동일한 주장이 반복된다. 하나님을 사랑한다는 표시는 사람들을, 특히 신자들을 사랑하는 것이다. 그리고 요한은 2절에서 거꾸로 하나님을 사랑한다는 것은 그분의 자녀들을 사랑한다는 표시라고 말한다. "우리가 하나님을 사랑하고 그의 계명들을 지킬 때에 이로써 우리가 하나님의 자녀를 사랑하는 줄을 아느니라."

이 구절의 핵심은 사랑이란 무엇이냐에 대한 감성적 재해석을, 하나님과 그분의 계명을 철저히 무시하는 재해석을 막는 데 있다. 요한은 이렇게 말한다. "그러지 말라. 너희가 하나님을 사랑하지 않으면 아무도 사랑하지 않는 것이다."

하나님을 사랑하지 않고도 사람들을 사랑할 수 있다고 생각할지 모른다. 그러나 요한은 2절에서 분명하게 말한다. "우리가 하나님을 사랑하고 그의 계명들을 지킬 때에 이로써 우리가 하나님의 자녀를 사랑하는 줄을 아느니라."

하나님을 사랑하지 않으면, 누구에게도 그 어떤 궁극적인 선도 행하지 못한다. 우리는 그들을 먹일 수도 있으며, 그들을 입힐 수도 있으며, 그들에게 거처를 마련해 줄 수도 있으며, 그들이 편안히 죽음을 맞게 도와줄 수도 있다. 그러나 하나님이 생각하시기에 이런 것들 자체가 사랑은 아니다. 사랑은 먹이고 입히며 거처를 마련해 준다. 그리고 사랑은 사람들이 그리스도 안에서 하나님을 알고 사랑하도록 도우며 계명을 지킨다. 그러나 하나님을 사랑하지 않으면, 이런 것들을 못한다. 그러므로 하나님을 사랑하지 않으면, 영원히 의미 있는 방식으로 사람들을 사랑하지 못한다.

그러므로 우리의 대답은 이렇다. "하나님을 사랑하는 것은 이것이니 우리가 그의 계명들을 지키는 것이라 그의 계명들은 무거운 것이 아니로다"라는 요한의 말은 하나님 사랑하기는 무엇보다도 사람 사랑하기, 특히 신자 사랑하기와 이들을 영원히 의미 있는 방식으로 사랑하기로 요약된다는 뜻이다.

3절을 이렇게 풀어쓸 수 있다. "이것이 하나님을 사랑하는 것이니, 우리가 사람들을, 특히 하나님의 자녀들을 사랑하는 것이며, 그리스도를 닮은 이러한 희생적 사랑은 무거운 게 아니다. 이것은 우리가 아버지에 대한 사랑의 한 표현으로 행하길 가장 간절히 원하는 바다."

둘째 고리 : 거듭남 🌿

요한일서 5장 3-4절에서 둘째 고리는 4절 전반부다. "[왜냐하면] 무릇 하나님께로부터 난 자마다 세상을 이기느니라[이기기 때문이니라]."

첫머리에 나오는 '왜냐하면(for, 개역개정은 이유를 나타내는 접속사를 번역하지 않았지만 새번역은 "하나님에게서 태어난 사람은 다 세상을 이기기 때문입니다"라고 옮겼다 – 옮긴이주)'이라는 접속사에 주목하라. 요한은 이제 하나님의 계명을 지킴으로 하나님 사랑하기, 다시 말해, 형제를 사랑함으로 하나님 사랑하기가 왜 무거운(burdensome, 부담스러운) 게 아닌지 설명하겠다고 말한다. 요한은 4절에서 하나님의 계명이 무겁지 않은 것은 "[왜냐하면] 무릇 하나님께로부터 난 자마다 세상을 이기느니라[이기기 때문이니라]"고 말한다. 그의 논증이 어떤가?

우리가 하나님을 사랑하고 사람들을 사랑할 수 있는 이유는 거듭날 때 세상을 이겼기 때문이다. "무릇 하나님께로부터 난 자마다 세상을 이기느니라."

이것은 세상에는 우리가 하나님을 사랑하지 못하게 하고 서로 사랑하지 못하게 하려는 세력들이 있다는 뜻이 분명하다. 우리는 거듭날 때 이러한 세력들을 이겼다. 이러한 세력들은 무엇인가? 요한일서에서 가장 분명한 해답을 얻기 위해 2장 15-17절을 보자.

"이 세상이나 세상에 있는 것들을 사랑하지 말라 누구든지 세상을 사랑하면 아버지의 사랑이 그 안에 있지 아니하니 이는 세상에 있는 모든 것이 육신의 정욕과 안목의 정욕과 이생의 자랑이니 다 아버지께로부터 온 것이 아니요 세상으로부터 온 것이라 이 세상도 그 정욕도 지나가되 오직 하나님의 뜻을 행하는 자는 영원히 거하느니라."

세상에는 우리가 이겨야 할 세력들이 있다. "육신의 정욕과 안목의 정욕과 이생의 자랑"(16절)이다. 소유하지 못한 것에 대한 욕구와 소유한 것에 대한 자랑을 말한다. 우리가 원하는 것을 소유하지 못할 때, 세상은 탐욕으로 우리를 더럽힌다. 우리가 원하는 바를 소유했을 때, 세상은 자랑(교만)으로 우리를 더럽힌다.

이것들은 우리가 하나님을 사랑하지 못하고 서로 사랑하지 못하도록 막는다. 우리는 물질을 사랑한다. 우리는 원하는 것을 소유하지 못할 때, 그것을 간절히 갖고 싶어 한다. 그리고 그것을 소유했을 때, 그것에 대해 끊임없이 말하고 싶어 하며, 그것 때문에 시간을 허비한다. 그렇다면 이 모든 것에서 하나님은 어디 계신가? 기껏해야 하나님은 우주의 유혹꾼(Sugar Daddy, 돈이나 보석 등으로 젊은 여자를 유혹하는 중년 남자―옮긴이주)으로 있을 뿐이다. 우리는 자신의 모든 소유에 대해 하나님께 감사하기까지 한다. 그러나 어떤 경우 선물을 주시는 분이 아니라, 선물 자체가 우리의 신이라는 사실을 증명하는 감사들도 있다.

우리가 하나님을 사랑하지 않고 사람 사랑하기를 무겁게(부담스럽게) 생각하는 큰 이유는 세상의 것을 갈망하기 때문이다. 우리가 갈망하는 세상 것은 좋을 수도 있고, 나쁠 수도 있다. 물질일 수도 있고, 관계일 수도 있다. 어떤 형태든 그것은 하나님이 아니다. 우리가 세상 것을 하나님보다 더 갈망할 때, 그것이 우리의 우상이다. 그것이 하나님 사랑하기와 사람 사랑하기를 대신한다. 이것이 세상의 보편적인 문제다. 그렇다면 해결책은 무엇인가?

요한의 대답은 요한일서 5장 3-4절에 나온다. 요한은 하나님 사랑하기와 사람 사랑하기가 무겁지 않은 것은(3절 참조) 우리가 거듭났으며 거듭남이 세상을 이기기 때문이라고 말한다. "무릇 하나님께로부터 난 자마다 세상을 이기느니라."

이제 우리는 이 말이 무슨 뜻인지 안다. 거듭남이 세상에 대한 갈망의 뿌리를 자른다는 뜻이다. 세상을 이긴다는 말은 육체의 정욕과 안목의 정욕과 이생의 자랑이 더 이상 우리를 지배하지 못한다는 뜻이다. 이것들이 힘을 잃는다는 뜻이다.

셋째 고리 : 예수님을 믿는 믿음

이것은 어떻게 작용하는가? 4절 후반부가 이 질문에 답한다(사슬의 셋째 고리). "세상을 이기는 승리는 이것이니 우리의 믿음이니라."

거듭남이 육체의 정욕과 안목의 정욕과 이생의 자랑을 이기는 이유는 거듭남이 믿음을 낳기 때문이다.

우리가 거듭날 때 하나님이 하시는 가장 즉각적이며 결정적인 일은 자신이 창조한 새 생명이 예수님을 다른 무엇보다 가치 있게 보도록 하는 것이다(고후 4:4, 6 참조). 이처럼 예수님을 가장 가치 있게 볼 수 있는 영적 눈이 열리자마자 예수님을 진정한 보화로 받아들인다. 우리의 눈이 열려 예수님의 진리와 아름다움과 가치를 보게 되어 그분을 참모습 그대로 받아들이는 것, 이것이 믿음이다.

믿음이 세상을 이기는 이유가 여기 있다. 세상은 세상에 대한 우리의 갈망(정욕)을 통해 우리를 속박했다. 그러나 이제 우리는 거듭나서 눈이 열려 예수님을 세상보다 더 갈망할 만한 대상으로 본다. 예수님이 육체의 정욕보다 나으며 안목의 정욕보다 나으며 탐욕과 자랑(교만)으로 우리의 목을 죄는 재물보다 낫다(막 4:19 참조).

순서가 중요하다 🍃

이제 중생, 그리스도를 믿는 믿음, 사람 사랑하기 간의 관계에 관해 처음 던졌던 질문에 답해야 할 차례다.

첫째, 중생이 믿음의 원인이다. 요한일서 5장 1절이 이것을 분명히 말한다. "예수께서 그리스도이심을 믿는[즉, 믿음이 있는] 자마다 하나님 께로부터 난 자니."

우리가 하나님께로부터 난 결과가 믿음이다. 우리의 믿음은 하나님 이 우리를 낳으셨다는 즉각적인 증거다.

둘째, 사람 사랑하기는 이러한 믿음의 열매다. 요한이 4절에서 이 런 방식으로 주장한다. 세상을 이기는 승리, 곧 사람 사랑하기의 장애 물을 극복하는 승리는 우리의 믿음이다. 그러므로 원인과 결과의 순 서로 보면, 우리는 거듭나서 예수님을 믿고 하나님의 계명을 무겁지 않게 느끼면서 행한다(즉, 사람들을 사랑한다).

하나님이 거듭남을 일으키신다. 거듭남은 그리스도를 참모습 그대 로 보고 영접하는 새 생명의 창조이며, 이러한 영접은 세상에 대한 갈 망의 뿌리가 자르고 우리를 해방시켜 사랑하게 한다.

왜 이 순서가 그렇게 중요한가? 이 순서가 구원하는 믿음과 사람들 에 대한 사랑을 혼동하지 않게 해 주기 때문이다. 우리 시대의 어떤 이들은 그리스도를 믿는 믿음과 사람들에 대한 사랑을 결합한다. 이 들은 믿음이란 실제로 성실(faithfulness, 충성)을 의미하고 성실은 사람들에 대한 사랑을 포함하며, 그리스도를 믿는 믿음과 사람들에 대한 사랑을 구분할 방법이 없다고 말한다.

그러나 그리스도를 믿는 믿음과 사람들에 대한 사랑을 혼동하는 것은 치명적인 실수다. 그 이유는 이렇다. 그리스도를 믿는 믿음과 사람들에 대한 사랑을 분리할 수는 없지만 구분할 수는 있다. 둘은 절대로 분리되지 않기 때문에 요한은 하나님의 모든 계명을 믿음과 사랑으로 요약할 수 있었다. "그의 계명[단수]은 이것이니 곧 그 아들 예수 그리스도의 이름을 믿고 그가 우리에게 주신 계명대로 서로 사랑할 것이니라"(요일 3:23).

예수님을 믿고 서로 사랑하라. 이것이 요한서신이 말하는 새 생명을 가졌는지 확인하는 모든 테스트의 핵심이다.

단, 인과관계의 순서가 중요하다. 그 이유는 이렇다. 우리는 마땅히 사랑해야 하는 대로 사랑하지 못할 때가 있다. 우리는 사랑이 거듭남의 표시라는 것을 안다. 그래서 우리 마음이 우리를 정죄하면 어떻게 하겠는가? 이런 경우, 당신이라면 확신을 갖기 위해 어떻게 싸우겠는가?

완전한 대언자 예수 🌿

우리의 소망을 위해 싸우는 중요한 방법이 하나 있다. 이 방법은 그리스도를 믿는 믿음과 사람들에 대한 사랑을 분명하게 구분하는 데 달렸다. 요한일서 2장 1절을 다시 읽어 보라. "나의 자녀들아 내가 이것을 너희에게 씀은 너희로 죄를 범하지 않게 하려 함이라 만일 누가 죄를 범하여도[다시 말해, 사람들을 마땅히 사랑해야 하는 대로 사랑하는 데 실패하더라도] 아버지 앞에서 우리에게 대언자가 있으니 곧 의로우신 예수 그리스도시라."

요한은 우리가 실패할 때라도―우리가 죄를 범하며, 마땅히 사랑해야 하는 대로 사랑하지 못할 때라도―하나님 앞에서 우리를 변호하는 대언자가 있다고 말한다. 이 대언자는 "의로우신" 분이다. 그분은 완전하시다(롬 8:33-34 참조).

우리는 죄를 지었지만 그분은 전혀 죄를 짓지 않으셨다. 우리는 마땅히 사랑해야 하는 대로 사랑하지 못하지만, 그분은 언제나 마땅히 사랑해야 하는 대로 사랑하셨다. 이렇게 완전한 분이 하나님 앞에서 우리를 대언하신다.

바로 우리가 실패했기 때문이다. "만일 누가 죄를 범하여도 아버지 앞에서 우리에게 대언자가 있으니 곧 의로우신 예수 그리스도시라."

그분의 의, 곧 그분이 죄를 짓지 않으셨다는 사실이 강조된다. 우리가 실패한 일을 그분은 완벽하게 해내셨다. 이것이 우리에게 유효한 이유는 믿음이란 그분을 영접하는 것이기 때문이다. 믿음이 그분을 영접할 때, 그분은 우리가 하나님 앞에서 필요한 전부다. 그분은 우리의 의요, 우리의 온전함이며, 우리의 완전한 사랑이다. 이것이 우리가 거룩하신 하나님 앞에서 갖는 소망의 근거다.

예수님을 믿는 것은 사람 사랑하기와 다르며, 전자가 후자의 뿌리라는 사실을 깨닫는 게 아주 중요한 이유가 여기 있다. 예수님을 믿는다는 말은 그분을 영접한다는 뜻이다. 사람들을 사랑한다는 말은 그들에게 다가간다는 뜻이다.

우리가 사람들에게 다가갈 수 있는 이유는 예수님을 우리의 완전함으로 영접했기 때문이다. 예수님을 영접한다는 말은 그분이 우리 구원의 근거라는 뜻이다. 그분은 우리 소망의 기본 근거다. 아버지 앞에서 우리에게 최종적으로 중요한 것은 그분의 의와 완전함이다. 사람들에 대한 사랑이 아니라 예수님을 믿는 믿음이 그분을 나를 대신하는 의와 완전함과 사랑으로 받아들인다.

바로 이 때문에, 나는 넘어질 때라도 소망을 품을 수 있다. 나와 하나님의 관계는 내가 바로 걷느냐 아니면 넘어지느냐에 따라 오르막과 내리막을, 또는 들고 남을 반복하지 않는다. 나와 하나님의 관계는 내 대언자의 의에 달렸다. 나의 완전한 대언자 예수 그리스도께서 지금 말씀하신다.

"아버지, 나를 보셔서 당신의 불완전한 종 존 파이퍼에게 은혜를 베풀어 주소서. 불완전하게 사랑하는 그에게 은혜를 베푸소서. 아버지께서는 모든 것을 아십니다(요 3:20 참조). 아버지께서는 그가 마음으로 나를 의지하며 신뢰한다는 것을 아십니다. 그러므로 나는 그의 것이며, 나의 완전한 사랑도 그의 것인 셈입니다."

하나님은 그리스도 안에서 나를 보신다. 그러기에 나는 실패해도 절망하지 않는다. 희망이 없다고 주저앉지도 않는다. 사랑하지 못한 나의 죄를 고백한다(요일 1:9 참조). 그리스도께서 사신 용서를 받는다. 그리스도께서 하나님의 진노를 없애려고 드리신 화목제사 위에 굳게 선다(요일 2:2 참조). 그리고 하나님이 나의 대언자, 나의 완전한 대언자를 통해 나를 보신다는 사실을 재확인한다(요일 3:19 참조).

그래서 이제 내가 시작했던 곳에서 끝을 맺겠다. 나는 사람들을 불완전하게 사랑하는 우리의 능력이 우리가 이미 그리스도 안에서 그들을 완전하게 사랑한다는 확신에 기초한다는 것을 당신이 직접 확인하길 바랐다. 다시 말해, 우리가 오직 믿음으로 그분 안에 있으면 사람들에 대한 그분의 완전한 사랑이 사람들에 대한 우리의 완전한 사랑으로 간주된다.

그분은 우리가 하나님 앞에서 필요한 완전이다. 우리는 이 완전을 사람들을 사랑함으로써 얻는 게 아니라 그분을 신뢰함으로써 얻는다. 바로 이러한 확신이 사람들을 사랑하는 열쇠다. 이 열쇠를 잃으면 사람들을 사랑하는 능력을 비롯해 전부를 잃는다.

보라 아버지께서 어떠한 사랑을
우리에게 베푸사 하나님의 자녀라
일컬음을 받게 하셨는가, 우리가 그러하도다 그러므로 세상이 우리를 알지
못함은 그를 알지 못함이라 사랑하는 자들아 우리가 지금은 하나님의 자녀
라 장래에 어떻게 될지는 아직 나타나지 아니하였으나 그가 나타나시면 우
리가 그와 같을 줄을 아는 것은 그의 참모습 그대로 볼 것이기 때문이니 주
를 향하여 이 소망을 가진 자마다 그의 깨끗하심과 같이 자기를 깨끗하게
하느니라 죄를 짓는 자마다 불법을 행하나니 죄는 불법이라 그가 우리 죄를
없애려고 나타나신 것을 너희가 아나니 그에게는 죄가 없느니라 그 안에 거
하는 자마다 범죄하지 아니하나니 범죄하는 자마다 그를 보지도 못하였고
그를 알지도 못하였느니라 자녀들아 아무도 너희를 미혹하지 못하게 하라
의를 행하는 자는 그의 의로우심과 같이 의롭고 죄를 짓는 자는 마귀에게
속하나니 마귀는 처음부터 범죄함이라 하나님의 아들이 나타나신 것은 마
귀의 일을 멸하려 하심이라 하나님께로부터 난 자마다 죄를 짓지 아니하나
니 이는 하나님의 씨가 그의 속에 거함이요 그도 범죄하지 못하는 것은 하
나님께로부터 났음이라 이러므로 하나님의 자녀들과 마귀의 자녀들이 드러
나나니 무릇 의를 행하지 아니하는 자나 또는 그 형제를 사랑하지 아니하는
자는 하나님께 속하지 아니하니라 _요일 3:1-10

습관적인 죄에서 벗어나다

죄 없는 그리스도인은 없다.

거듭남의 기적을 체험한 사람들은 자신의 구원을 확신하며 살려고 할 때 자신의 죄악을 어떻게 해결하는가? 다시 말해, 한편으로 거듭 났다는 사실과 다른 한편으로 계속 죄를 짓는 생활 사이의 갈등을 어떻게 해결하는가?

우리는 구원의 확신을 잃을 위험과 자신이 거듭나지 않았을지 모르는데도 거듭났다고 넘겨짚을 위험 사이에서 어떻게 균형을 유지하는가? 거듭났다고 확신하면서도 거듭난 모습과는 전혀 안 어울리는 삶의 죄악을 가볍게 여기지 않으려면 어떻게 해야 하는가?

요한일서는, 성경의 다른 어느 책보다 실제적이며 일상적인 이러한 싸움에서 우리를 도우려고 기록된 것으로 보인다. 요한일서 5장 13절을 보라. "내가 하나님의 아들의 이름을 믿는 너희에게 이것을 쓰는 것은 너희로 하여금 너희에게 영생이 있음을 알게 하려 함이라."

요한은 신자들에게 자신이 거듭났다는 확신을, 자신 속에 결코 죽지 않을 영적 새 생명이 있다는 완전한 확신을 갖도록 돕기 위해 이 편지를 썼다고 말한다. 요한은 – 하나님은 – 우리가 이 편지를 읽으면서 자신이 사망에서 생명으로 옮겨졌다는 확신을 체험하길 원한다.

요한일서 3장 14절은 "우리는 …… 사망에서 옮겨 생명으로 들어간 줄을 알거니와"라고 말한다. 예수님은 요한복음 5장 24절에서 이렇게 말씀하신다. "내가 진실로 진실로 너희에게 이르노니 내 말을 듣고 또 나 보내신 이를 믿는 자는 영생을 얻었고 심판에 이르지 아니하나니 사망에서 생명으로 옮겼느니라."

요한과 예수님이 신자가 알기를 원하는 게 있다. 예수님이 우리 대신 심판을 받으실 때 우리도 심판을 받았으며 예수님이 우리 대신 죽으실 때 우리도 죽었으므로 심판과 사망이 우리를 넘어갔다는 것이다. 그러므로 새 생명이 우리 안에 있고, 이 생명은 영원히 없어지지 않는다. 이것이 요한과 예수님이 우리가 갖길 원하는 확신이다.

거짓 영을 분별하라

그러나 요한의 편지를 받을 교회들에서는 요한이 크게 걱정하는 일이 일어나고 있었다. 좋은 소식과 강한 확신을 주는 것처럼 보이지만 정반대 결과를 초래할 말을 하는 거짓 선생들이 있었던 것이다. 이러한 거짓 선생들을 다루면서, 요한은 확신을 위한 우리의 싸움과 관련해 우리 죄를 어떻게 해결해야 하는지 보여 준다. 거짓 선생들이 무슨 말을 하고 있었는가?

첫째, 이들은 선재(先在)하신 하나님의 아들 예수 그리스도는 육체로 오시지 않았다고 가르쳤다. 이들은 선재하신 하나님의 아들과 우리의 본성과 같은 육체적 인간의 본성 사이의 완전한 연합을 믿지 않았다. 요한은 요한일서 4장 1-3절에서 이들에 대해 이렇게 말한다.

> "사랑하는 자들아 영을 다 믿지 말고 오직 영들이 하나님께 속하였나 분별하라 많은 거짓 선지자가 세상에 나왔음이라 이로써 너희가 하나님의 영을 알지니 곧 예수 그리스도께서 육체로 오신 것을 시인하는 영마다 하나님께 속한 것이요 예수를 시인하지 아니하는 영마다 하나님께 속한 것이 아니니 이것이 곧 적그리스도의 영이니라 오리라 한 말을 너희가 들었거니와 지금 벌써 세상에 있느니라."

거짓 선생들은 그리스도와 육체를 분리했다(2절 참조). 요한은 어떤 사람들이 부정하는 바로 그것을 주장했다. "예수 그리스도께서 육체로 오신 것을 시인하는 영마다 하나님께 속한 것이요."

이들은 그리스도와 인간 육체의 연합이라는 개념을 좋아하지 않았다. 우리가 이번 장에서 던지는 질문이 적절한 이유가 여기 있다. 그리스도께서 육체와 연합하지 않으셨다는 견해가 이러한 거짓 교사들이 그리스도인의 삶을 보는 방식에 실제적이며 도덕적인 영향을 미친 게 분명했다. 이들은 그리스도를 일반적인 육체의 삶에서 분리했듯이, 그리스도인의 삶도 일반적인 육체의 삶에서 분리했다.

요한일서 3장 7절이 이것을 가장 분명하게 보여 준다. "자녀들아 아무도 너희를 미혹하지 못하게 하라[따라서 요한은 거짓 선생들을 염두에 둔다] 의를 행하는 자는 그의 의로우심과 같이 의롭고."

요한은 다음과 같이 말하는 것이다. "거짓 선생들을 조심하라. 저들은 너희가 의롭더라도 의를 행하지 않을 수 있다고 말한다. 절대 속지 말라. 누구든지 의를 행하는 자는 의롭다."

요한은 이들의 그리스도관을 반대한다. 이들이 그리스도를 이것저것을 하는 일반적인 신체의 삶에서 분리하기 때문이다. 또한 요한은 그리스도인의 삶에 대한 이들의 시각도 반대한다. 이들이 우리를 보통의 신체적 삶에서 분리하기 때문이다. 거짓 선생들은 이렇게 말한다. "예수님에게 육체는 중요하지 않았다. 중요한 것은 그분이 영적인 방법으로 그리스도이시라는 것이다. 그러므로 선재하신 그리스도와 육체를 가진 인간 예수 사이에는 아무런 실제적 연합도 없다. 우리의 육체도 중요하지 않다. 우리는 어떤 영적 방법으로 거듭나지만 새로운 피조물과 의를 행하거나 죄를 짓는 우리의 육체의 삶 사이에는 아무런 실제적 연합도 없다."

이러한 가르침은 요한이 요한일서 3장 7절에서 지적하는 오류—당신은 어떤 영적 방식으로 의로우면서도 보통의 육체적인 삶에서 의를 행하지 않을 수 있다—로 바로 이어진다.

요한은 이러한 거짓 가르침에 세 가지로 답한다.

1. 그리스도의 성육신은 영원히 계속된다.

첫째, 요한은 성육신 후 예수님의 육체와 선재하신 그리스도는 분리될 수 없다고 주장한다. "이로써 너희가 하나님의 영을 알지니 곧 예수 그리스도께서 육체로 오신 것을 시인하는 영마다 하나님께 속한 것이요"(요일 4:2).

요한이 그리스도께서 '육체로 오셨다'고 할 때 마치 육체 및 뼈와의 연합이 잠시 이루어졌다고 그 다음 순간 그친 것처럼 과거시제(came)로 말하지 않는다는 데 주목하라. 요한은 현재완료시제(has come)로 말한다.

그리스도의 성육신은 영원히 계속된다. 삼위일체의 제2위는 인간 본성과 영원히 연합한 상태로 계실 것이다. 우리는 언제나 그분을 예수님으로, 우리와 같지만 우리보다 무한히 위이신 분, 많은 형제 중에서 맏아들(롬 8:29 참조)로 알 것이다. 하나님은 자신이 지은 육체적 피조물을 멸시하지 않으셨고, 지금도 멸시하지 않으신다.

하나님이 육체로 오셨다. 하나님의 아들이 영원히 육체로 계신다. 그러므로 거짓 가르침에 대한 요한의 첫 반응은 이들의 그리스도관을 바로잡는 것이다. 그리스도의 육체적 존재는 신기루가 아니다. 이차적인 것이 아니다. 사소한 것이 아니다. 몸은 그리스도의 영원한 특징이며 정체성이다.

2. 행위는 존재를 확증한다.

거짓 가르침에 대한 요한의 둘째 반응은 영적 존재가 육체적 행위에서 분리될 수 있다는 가르침을 강하게 반박한다. 사실, 요한은 영적 존재는 육체적(물리적) 행위로 검증되어야 하며, 그러지 못하는 영적 존재는 실재가 아니라고 주장한다. 이것이 요한일서 3장 7절의 핵심이다. "자녀들아 아무도 너희를 미혹하지 못하게 하라 의를 행하는 (practice) 자는 그의 의로우심(is)과 같이 의롭고."

속이는 자들은 이렇게 말했다. 의로우나(is) 의를 행하지(practice) 않는 게 가능하다. 요한은 이렇게 말한다. 의로운(are) 자들은 의를 행하는 자들뿐이다. 행위가 존재를 확증한다.

이것은 요한이 이 편지에서 거듭 말하는 내용이다. 예를 들면 요한은 요한일서 2장 29절에서 "너희가 그가 의로우신 줄을 알면 의를 행하는 자마다 그에게서 난 줄을 알리라"고 말한다. 의를 행한다는 것은 거듭났다는 증거이자 확증인 것이다.

또는 요한일서 3장 9절을 살펴보라. "하나님께로부터 난 자마다 죄를 짓지 아니하나니 이는 하나님의 씨가 그의 속에 거함이요 그도 범죄하지 못하는 것은 하나님께로부터 났음이라."

죄를 짓는 행위는 그 사람이 하나님에게서 나지 않았다는 증거이자 확증이다. 행위가 존재를 확증한다. 죄를 짓지 않는다는 것은 거듭났다는 증거이자 확증이다.

요한에 따르면, 거듭남이 죄짓는 삶을 필연적으로 변화시키는 이유는 우리가 거듭날 때 "하나님의 씨"가 우리 안에 거하고 우리가 "범죄하지 못하기"(죄를 계속해서 짓지 못하기) 때문이다. 거듭남과 일반적인 육체의 삶은 이처럼 강하게 연결된다. 여기서 말하는 "씨"는 하나님의 성령, 하나님의 말씀, 또는 하나님의 본성─혹은 셋 모두─일 것이다. "씨"가 구체적으로 무엇을 말하든 간에, 우리가 거듭날 때 하나님이 친히 아주 강력하게 일하시기 때문에 우리는 계속해서 죄를 짓지는 못한다. 하나님의 새로운 임재는 죄악 된 행동 양식과 양립하지 못한다.

영적인 자신과 육체적인 자신을 분리할 수 있다고 생각하는 거짓 선생들은 성육신이나 거듭남을 이해하지 못한다. 성육신에서, 선재하신 그리스도는 실제로 육체적인 몸과 연합하신다. 그리고 거듭남에서, 그리스도 안에 있는 새로운 피조물은 우리의 육체적인 순종의 삶에 실제적이면서도 필연적으로 영향을 미친다.

3. 거듭났다고 죄가 없는 게 아니다.

거짓 가르침에 대한 요한의 셋째 반응은 거듭난 사람들은 죄가 없다는 그 어떤 생각도 거부하는 것이다. 이러한 거짓 가르침은 '의로운 존재'와 '의로운 행위'를 분리하며(3:7 참조) 따라서 이렇게 말한다. "당신의 몸이 몇몇 죄를 짓더라도, 그것은 진짜 당신이 아니다. 진짜 당신은 거듭난 당신이다. 진짜 당신은 일반적인 육체의 삶을 초월하기 때문에 절대로 죄에 오염되지 않는다."

따라서 거짓 선생들은 존재(who you are)와 행위(what you do)를 분리했기 때문에 그리스도인들은 사실상 절대로 죄를 짓지 않는다고 결론 내릴 수밖에 없었다. 우리가 어떻게 죄를 지을 수 있겠는가? 우리는 하나님으로부터 난 자들이다. 새로운 피조물이다. 우리 안에 하나님의 씨가 있다. 그래서 요한은 이러한 오류에 세 번이나 총을 겨눈다. 각각의 경우를 본문에서 직접 찾아보는 게 중요하다. 왜냐하면 각각의 경우는 당신의 죄는 당신이 거듭나지 못했다는 증거라며 사탄이

공격할 때 당신이 이 공격을 물리치기 위해 직접 사용하도록 의도되었기 때문이다.

첫째, 요한일서 1장 8절이다. "만일 우리가 죄가 없다고 말하면 스스로 속이고 또 진리가 우리 속에 있지 아니할 것이요."

우리는 거듭난 그리스도인이다. 이러한 거짓 선생들의 속임수에 말려 스스로 속지 않도록 하라. 죄 없는 그리스도인은 없다.

둘째, 요한일서 2장 1절이다. "나의 자녀들아 내가 이것을 너희에게 씀은 너희로 죄를 범하지 않게 하려 함이라 만일 누가 죄를 범하여도 아버지 앞에서 우리에게 대언자가 있으니 곧 의로우신 예수 그리스도시라."

요한은 당신이 죄를 짓는다면 거듭나지 못한다고 말하지 않는다. 요한은 당신이 죄를 짓더라도 대언자가 있다고 말한다. 단, 오직 거듭난 자들에게만 이러한 대언자가 있다.

셋째, 요한일서 5장 16-17절이다. "누구든지 형제가 사망에 이르지 아니하는 죄 범하는 것을 보거든 구하라 그리하면 사망에 이르지 아니하는 범죄자들을 위하여 그에게 생명을 주시리라 사망에 이르는 죄가 있으니 이에 관하여 나는 구하라 하지 않노라 모든 불의가 죄로되 사망에 이르지 아니하는 죄도 있도다."

마지막 구절에 주목하라. "사망에 이르지 아니하는 죄도 있도다." 형제가 죄 짓는 모습이 보이는 이유가 여기 있다. 그는 당신의 형제요, 또한 거듭났다. 그런데 죄를 짓는다. 어떻게 이럴 수 있는가? 사망에 이르지 않는 죄도 있기 때문이다. 나는 요한이 이렇게 말할 때 특정한 죄를 염두에 둔 게 아니라 오히려 뿌리 깊고 습관화된 고집을 염두에 두었을 거라고 생각한다.

그런가 하면 당신에게 돌아오지 못할 선을 넘게 하며, 결국 눈물로 회개할 기회를 구했으나 얻지 못한 에서처럼 되게 하는 만성화된 죄도 있다(히 12:16-17 참조). 에서는 회개하지 못했다. 회개할 수 있었다면 용서 받았을 것이다. 그러나 회개에 대한 갈망조차 눈속임일 만큼 우리 마음은 죄 때문에 심히 강퍅해지기도 한다.

진리의 말씀에 귀 기울이라

이제 이번 장을 시작하며 던진 물음으로 돌아왔다. 거듭남의 기적을 체험한 사람들은 자신의 구원을 완전히 확신하고 살려 할 때 자신의 죄악을 어떻게 해결하는가? 요한의 가르침을 활용하여 이 문제를 해결하라. 요한은 위선(자신의 삶은 반대로 말하는데도 자신은 거듭났다고 주장하는 것)을 경고하며, 거듭난 죄인들을 위한 그리스도의 대언과 대속을 알린다.

그렇다면 이러한 두 진리를 어떻게 활용해야 하는가? 당신이 스스로 속을지도 모른다는 경고를 어떻게 활용해야 하는가? '당신이 죄를 범하여도 당신에게는 대언자가 있다'는 약속을 어떻게 활용해야 하는가? 이러한 두 진리가 당신의 삶에서 어떻게 작용하는지 보면 당신이 거듭났는지 확인할 수 있다.

다음은 당신이 거듭났을 때 두 진리가 작용하는 방식이다.

신자들에게 흔한 모습 가운데 하나는 뻔뻔해지는 것이다. 당신은 자신의 죄악에 대해 미온적이고 부주의하며 뻔뻔스러운 태도를 취하기 시작한다. 자신이 거룩한지 아니면 세상적인지 개의치 않거나 무관심하기 시작한다. 나쁜 태도와 행동에 대한 경계를 늦추며, 죄악 된 행동 패턴에 안주하기 시작한다.

거듭난 사람이 이렇게 죄에 휩쓸릴 때, "하나님께로부터 난 자마다 죄를 짓지 아니하나니 이는 하나님의 씨가 그의 속에 거함이요 그도 범죄하지 못하는 것은 하나님께로부터 났음이라"(요일 3:9)라는 진리는, 성령을 통해 그의 상태가 얼마나 위험한지 일깨움으로써 그가 자신의 대언자요 대속자에게 달려가 자비와 용서와 의를 구하게 하는 효과가 있다. 그는 자신의 죄를 고백하고 씻음 받는다(1:9 참조). 그는 그리스도를 향한 사랑이 새로워지며, 관계가 아름답게 회복되며, 죄를 다시 미워하며, 다시 주를 기뻐하며 힘을 얻는다.

신자들에게 흔한 또 하나의 모습은 절망에 휩쓸리는 것이다. 당신은 자신의 의, 이웃 사랑, 죄와의 싸움이 충분히 선하지 못하다는 두려움과 낙담, 절망에 빠진다. 양심이 당신을 정죄하며, 당신의 행동은 당신이 거듭났음을 전혀 증명하지 못할 만큼 불완전해 보인다.

거듭난 사람이 이런 경험을 할 때, 요한일서 2장 1절의 진리는 성령을 통해 그를 절망에서 구해 낸다. "나의 자녀들아[그분은 우리의 양심을 돌보길 원하신다] 내가 이것을 너희에게 씀은 너희로 죄를 범하지 않게 하려 함이라 만일 누가 죄를 범하여도 아버지 앞에서 우리에게 대언자가 있으니 곧 의로우신 예수 그리스도시라."

위선에 대한 요한의 경고는 우리를 뻔뻔함의 절벽에서 돌아서게 한다. 대언자에 대한 요한의 약속은 우리를 절망의 절벽에서 돌아서게 한다.

거듭남은 당신이 성경을 듣고 유익하게 구속적으로 활용할 수 있게 한다. 거듭남은 '우리에게 대언자가 있다'는 약속을 죄에 무관심한 바람둥이의 태도를 정당화하는 데 사용하지 않는다. 거듭남은 '하나님께로부터 난 자마다 죄를 짓지 아니한다'는 경고를 절망의 불길에 기름을 붓는 데 사용하지 않는다. 거듭남은 요한의 가르침을 어떻게 사용할지 아는 영적 분별력을 준다. 거듭난 자들은 요한의 경고를 통해 단련되고 정신을 차리며, 대언자와 대속에 대한 약속에 전율을 느끼고 힘을 얻는다.

당신이 하나님의 말씀에 대한 이 두 반응을 모두 체험할 때 주님께서 당신의 거듭남을 확증하시길 기도한다. 주님께서 당신이 경고와 위로를 모두 받아들이도록 은혜를 베푸시길 기도한다. 당신이 하나님의 말씀을 그분이 뜻하신 그대로 들으며, 조금도 부족함이 없는 하나님의 말씀을 통해 완전한 구원의 확신을 지켜 나가길 기도한다.

사랑하는 자들아 우리가 서로
사랑하자 사랑은 하나님께 속한 것이니

사랑하는 자마다 하나님으로부터 나서 하나님을 알고 사랑하지 아니하는 자는 하나님을 알지 못하나니 이는 하나님은 사랑이심이라 하나님의 사랑이 우리에게 이렇게 나타난 바 되었으니 하나님이 자기의 독생자를 세상에 보내심은 그로 말미암아 우리를 살리려 하심이라 사랑은 여기 있으니 우리가 하나님을 사랑한 것이 아니요 하나님이 우리를 사랑하사 우리 죄를 속하기 위하여 화목 제물로 그 아들을 보내셨음이라 사랑하는 자들아 하나님이 이같이 우리를 사랑하셨은즉 우리도 서로 사랑하는 것이 마땅하도다 어느 때나 하나님을 본 사람이 없으되 만일 우리가 서로 사랑하면 하나님이 우리 안에 거하시고 그의 사랑이 우리 안에 온전히 이루어지느니라 그의 성령을 우리에게 주시므로 우리가 그 안에 거하고 그가 우리 안에 거하시는 줄을 아느니라 아버지가 아들을 세상의 구주로 보내신 것을 우리가 보았고 또 증언하노니 누구든지 예수를 하나님의 아들이라 시인하면 하나님이 그의 안에 거하시고 그도 하나님 안에 거하느니라 하나님이 우리를 사랑하시는 사랑을 우리가 알고 믿었노니 하나님은 사랑이시라 사랑 안에 거하는 자는 하나님 안에 거하고 하나님도 그의 안에 거하시느니라 이로써 사랑이 우리에게 온전히 이루어진 것은 우리로 심판 날에 담대함을 가지게 하려 함이니 주께서 그러하심과 같이 우리도 이 세상에서 그러하니라 사랑 안에 두려움이 없고 온전한 사랑이 두려움을 내쫓나니 두려움에는 형벌이 있음이라 두려워하는 자는 사랑 안에서 온전히 이루지 못하였느니라 우리가 사랑함은 그가 먼저 우리를 사랑하셨음이라 누구든지 하나님을 사랑하노라 하고 그 형제를 미워하면 이는 거짓말하는 자니 보는 바 그 형제를 사랑하지 아니하는 자는 보지 못하는 바 하나님을 사랑할 수 없느니라 우리가 이 계명을 주께 받았나니 하나님을 사랑하는 자는 또한 그 형제를 사랑할지니라 _요일 4:7-21

하나님의 사랑으로 사랑하다

사랑은 하나님에게서 시작된다.

12장에서는 거듭남의 특징 가운데 우리를 향한 하나님의 사랑과 서로를 향한 우리의 사랑을 연결한다는 사실에 초점을 맞추겠다. 누구든지 '하나님이 당신을 사랑하신다는 사실이 어떻게 당신의 이웃 사랑이라는 결과로 나타납니까?'라고 물으면 거듭남이 이 둘을 연결한다는 게 나의 대답이다.

거듭남은 하나님의 생명이 우리 생명이 되고, 하나님의 사랑이 우리 사랑이 되도록 죽었으며, 이기적인 우리의 마음을 하나님의 살아 있으며 사랑으로 넘치는 하나님의 마음과 연결하시는 성령의 행위다.

요한일서 4장 7–12절이 이것을 분명하게 말한다. 요한은 이러한 연결을 두 가지 방식으로 보여 준다. 첫째, 요한은 하나님의 본성은 사랑이며 따라서 하나님이 우리를 거듭나게 하실 때 우리가 이러한 본성을 공유한다는 점을 보여 준다.

둘째, 요한은 이러한 하나님의 본성이 역사 속에서 나타난 사건이 바로 우리가 그 아들을 통해 영생을 얻도록 자신의 아들을 보내신 사건이다.

이 둘을 차례로 살펴본 후, 둘이 거듭남과 어떻게 연결되는지 살펴보겠다.

하나님의 본성을 공유하다

첫째, 7-8절을 보자. 하나님의 본성은 사랑이다. "사랑하는 자들아 우리가 서로 사랑하자 사랑은 하나님께 속한 것이니 사랑하는 자마다 하나님으로부터 나서 하나님을 알고 사랑하지 아니하는 자는 하나님을 알지 못하나니 이는 하나님은 사랑이심이라."

이 구절은 두 가지를 말한다. 7절은 "사랑은 하나님께 속한 것"(love is from God, "사랑은 하나님께로부터 오는 것입니다"-표준새번역)이라고 말한다. 8절은 말미에서 "하나님은 사랑이심이라"고 말한다. 둘은 상충되지 않는다. 요한이 "사랑은 하나님께 속한[하나님에게서 나온] 것이니"라고 말할 때, 그의 말은 편지를 집배원이나 친구에게서 건네받듯이 사랑을 하나님에게서 건네받는다는 뜻이 아니기 때문이다.

그의 말은 열이 불에서 나오듯이, 빛이 태양에서 나오듯이, 사랑이 하나님에게서 나온다는 뜻이다. 사랑은 하나님의 본성에 속한다. 사랑은 하나님과 분리될 수 없다. 사랑은 하나님이라는 존재가 의미하는 한 부분이다. 태양이 빛을 내는 이유는 자신이 빛이기 때문이다. 불이 열을 내는 이유는 자신이 열이기 때문이다.

그러므로 요한이 말하려는 핵심은 우리가 거듭날 때 하나님의 본성 가운데 이러한 면이 우리 존재의 일부가 된다는 것이다. 거듭남이란 우리가 하나님의 생명을 받는 것이며, 사랑은 이러한 생명의 필연적인 부분이다. 하나님의 본성은 사랑이며, 우리가 거듭날 때 그 본성이 우리의 일부가 된다.

12절을 보라. "어느 때나 하나님을 본 사람이 없으되 만일 우리가 서로 사랑하면 하나님이 우리 안에 거하시고 그의 사랑이 우리 안에 온전히 이루어지느니라."

우리가 거듭날 때, 하나님이 친히 우리 안에 들어가신다. 하나님은 우리 안에 거하시며, 우리 마음에 그분의 사랑을 널리 퍼뜨리신다(롬 5:5 참조). 그리고 하나님의 목적은 이 사랑이 우리 속에서 완전해지는 것이다.

12절의 "그의 사랑"이라는 말에 주목하라. 우리가 거듭난 사람으로 갖는 사랑은 하나님의 사랑의 복제품이 아니다. 이것은 하나님의 사랑에 대한 체험이며, 그 사랑이 다른 사람들에게로 확장되는 것을 의미한다.

그러므로 요한이 우리를 향한 하나님의 사랑과 이웃을 향한 우리의 사랑을 연결하는 첫째 방식은, 하나님의 본성인 사랑에 초점을 맞추며 거듭남이 우리를 그 사랑과 어떻게 연결하는지에 초점을 맞추는 것이다.

둘째, 요한일서 4장 9-11절을 보라. 여기서 요한은 하나님의 사랑이 역사에 나타난 결정적인 사건에 초점을 맞춘다.

"하나님의 사랑이 우리에게 이렇게 나타난 바 되었으니 하나님이 자기의 독생자를 세상에 보내심은 그로 말미암아 우리를 살리려 하심이라 사랑은 여기 있으니 우리가 하나님을 사랑한 것이 아니요 하나님이 우리를 사랑하사 우리 죄를 속하기 위하여 화목제물로 그 아들을 보내셨음이라 사랑하는 자들아 하나님이 이같이 우리를 사랑하셨은즉 우리도 서로 사랑하는 것이 마땅하도다."

요한의 마음에, 하나님의 사랑이 역사 속에 가장 크게 나타난 사건은 하나님이 아들을 세상에 보내신 것이다. 요한은 이것을 9-10절에서 두 번 말한다. 요한은 하나님이 아들을 보내신 목적은 우리 죄를 속하는 화목제물이 되게 하기 위해서였다고 말한다. 하나님이 아들을 보내신 것이 사랑인 이유가 여기 있다.

그렇다면 화목제물이란 무엇인가? 하나님의 아들이 죄의 형벌을 받음으로써 우리에게 임할 하나님의 진노를 제거하기 위해 세상에 오셨다는 뜻이다(롬 8:3; 갈 3:13 참조).

생각해 보라! 이것은 하나님이 자신의 공의로운 형벌을 받고 자신의 공의로운 진노를 제거하도록 아들을 보내신 이유는 사랑에 있다는 뜻이다. 하나님의 사랑은 그분이 자신의 진노를 제거하려고 일방적으로 취하신 행동에서 가장 크게 나타났다.

아들이 이렇게 하시는 방법이 요한일서 3장 16절에 나온다. "그가 우리를 위하여 목숨을 버리셨으니 우리가 이로써 사랑을 알고."

그러므로 아들은 우리를 위해 목숨을 버림으로써 우리를 위하는 화목제물이 되셨다. 우리를 위해 죽으심으로써 말이다. 요한은 바로 여기서 하나님의 본성이 나타났다고 말한다. 이것이 하나님의 존재 방식이다.

요한이 10절에서 강조하는 또 다른 부분을 눈여겨보라. "사랑은 여기 있으니 우리가 하나님을 사랑한 것이 아니요 하나님이 우리를 사랑하사 우리 죄를 속하기 위하여 화목제물로 그 아들을 보내셨음이라."

요한이 "사랑은 여기 있으니 우리가 하나님을 사랑한 것이 아니요"라는 부정어법에서 무엇을 경계하는가? 요한은 사랑의 본성과 기원이 하나님에 대한 우리의 반응에 있지 않음을 강조한다. 사랑은 우리의 반응에서 시작되지 않는다. 사랑은 하나님에게서 시작된다. 우리가 느낌이나 행동 중에서 사랑이라 할 만한 게 있다면, 우리가 거듭남을 통해 하나님과 연결되었기 때문이다.

지금까지 하나님의 사랑에 관해 두 가지를 살펴보았다.

첫째, 요한은 하나님의 본성이 사랑이며 따라서 하나님이 우리를 거듭나게 하실 때 우리가 이 본성을 공유한다는 것을 보여 준다.

둘째, 요한은 이러한 하나님의 사랑이 역사에서 가장 크게 나타난 사건은 우리가 그 아들을 통해 영생을 얻도록 하나님이 아들을 세상에 보내신 사건이다.

사랑하는 게 마땅하다 🍃

이제 하나님의 사랑의 본성뿐 아니라 그 사랑의 현현(顯現, 나타남)과 관련해 거듭남의 결정적인 위치를 놓치지 말라. 요한은 요한일서 4장 11절에서 이렇게 말한다. "사랑하는 자들아 하나님이 이같이 우리를 사랑하셨은즉[다시 말해, 아들을 우리를 위해 이렇게 보내셨으니] 우리도 서로 사랑하는 것이 마땅하도다."

여기서 "마땅하도다"라는 말을 어떻게 이해해야 하는가? 앞선 다섯 절을 전부 다 잊어버렸다면 이렇게 말할 수도 있다. "성육신의 핵심은 본받음(모방)이지요. 하나님은 우리를 사랑하셨어요. 우리는 하나님이 우리를 어떻게 사랑하셨으며 우리가 어떻게 서로 사랑하는지 알아요. 우리가 하나님을 본받는 게 마땅해요."

그러나 요한은 7-8절에서 쓴 내용을 잊지 않았다. "사랑하는 자들아 우리가 서로 사랑하자 사랑은 하나님께 속한 것이니 사랑하는 자마다 하나님으로부터 나서 하나님을 알고 사랑하지 아니하는 자는 하나님을 알지 못하나니 이는 하나님은 사랑이심이라."

그러므로 "우리도 서로 사랑하는 것이 마땅하도다"라는 요한의 말은 물고기가 물에서 헤엄치는 게 마땅하듯이, 새가 하늘을 나는 게 마땅하듯이, 생명체가 숨을 쉬는 게 마땅하듯이, 복숭아가 단 게 마땅하듯이, 레몬이 신 게 마땅하듯이 우리가 사랑하는 게 마땅하다는 뜻이다. 거듭난 사람들은 사랑하는 게 마땅하다. 사랑하는 게 우리의 참모습이다.

이것은 단순히 본받음이 아니다. 하나님의 자녀들에게는 본받음이 현실이 된다. 사랑할 때, 우리는 우리의 참모습을 실현하며 표현한다.

하나님의 본성이 우리 안에 있다. 하나님의 사랑이 우리 안에서 완전해지고 있다.

그렇다. 역사에서 하나님의 아들이 우리를 위해 목숨을 버리고 우리를 이 길로 몰아가시는 모습을 보는 외적인 자극이 있다. 그러나 그리스도인의 삶에서만 나타나는 특별한 점은 내적인 자극도 있다는 것이다. 이러한 내적인 자극은 거듭남과 아들을 세상에 보내신 하나님의 사랑을 갖는 데서 오며, 우리 안에 계신 하나님의 생명이 우리의 영혼에 고동쳐 흐르게 한다. 거듭남은 우리가 역사에 나타난 하나님의 사랑을 우리 안에 계신 성령의 내적 실재로 체험할 수 있게 한다.

이제 이번 장을 시작하면서 말한 내용으로 돌아간다. 내가 거듭남에서 초점을 맞추려는 부분은 거듭남이 우리를 향한 하나님의 사랑과 서로를 향한 우리의 사랑을 연결한다는 사실이다. 누구든지 '하나님이 당신을 사랑하신다는 사실이 어떻게 당신에게서 이웃 사랑이라는 결과로 나타납니까?'라고 묻는다면 거듭남이 이 둘을 연결한다는 게 나의 대답이다.

거듭남은 하나님의 생명이 우리의 생명이 되며 하나님의 사랑이 우리의 사랑이 되도록 죽었으며 이기적인 우리의 마음을 살아 있고 생명으로 넘치는 하나님의 사랑의 마음과 연결하는 성령의 행위다.

우리는 이 사랑이 하나님의 본성이며 하나님이 역사 속에서 하신 일, 곧 우리가 영생을 얻도록 자기 목숨을 버려 우리 죄를 속하는 화목제물이 되도록 아들을 세상에 보내신 사건으로 나타났음을 보았다. 거듭남은 우리를 이러한 사랑의 현현과 연결하여, 하나님의 자녀로서 우리가 누구인지 규정한다. 거듭났다면 서로 사랑한다.

본장의 나머지 부분에서는 지금까지 살펴본 내용을 우리가 실제로 서로 어떻게 사랑하는지에 적용해 보겠다. "사랑하는 자들아 하나님이 이같이 우리를 사랑하셨은즉 우리도 서로 사랑하는 것이 마땅하도다"(요일 4:11).

우리가 거듭났다면 서로 사랑한다. 우리가 거듭났다면 하나님의 사랑이 우리 안에 있다. "우리는 형제를 사랑함으로 사망에서 옮겨 생명으로 들어간 줄을 알거니와"(요일 3:14).

요한은 하나님의 사랑이 거듭남을 통해 우리 삶에 실현되는 구체적인 여러 방식을 언급한다. 여기서는 두 가지만 소개하겠다.

거듭난 영혼의 사랑법

"우리는 서로 사랑할지니 이는 너희가 처음부터 들은 소식이라 가인같이 하지 말라 그는 악한 자에게 속하여 그 아우를 죽였으니 어떤 이유로 죽였느냐 자기의 행위는 악하고 그의 아우의 행위는 의로움이라 형제들아 세상이 너희를 미워하여도 이상히 여기지 말라 우리는 형제를 사랑함으로 사망에서 옮겨 생명으로 들어간 줄을 알거니와 사랑하지 아니하는 자는 사망에 머물러 있느니라"(요일 3:11-14).

12절이 말하는 사랑의 구체적 형식이 더 이상 우리에게는 전혀 필요 없어 보일지 모른다. "가인같이 하지 말라 그는 악한 자에게 속하여 그 아우를 죽였으니."

내가 지금 그리스도인 중에도 다수의 살인자가 있을 거라고 걱정하는 것인가? 아니다. 요한도 이런 걱정을 안 했을 것이다. 하지만 실제로 이런 일이 일어난다. 요한의 초점은 살인이 아니다. 요한은 12절에서 "[가인이 아우를] 어떤 이유로 죽였느냐?"고 묻는다. 이것이 요한의 관심사다. 가인의 동기에는 요한의 생각에 신자들이 서로 사랑하는 방식과 관련된 무엇이 있다.

요한은 12절 끝에서 이렇게 대답한다. "자기의 행위는 악하고 그의 아우의 행위는 의로움이라."

요한의 말은 사랑이란 단순히 형제를 죽이지 않는 게 아니라, 형제가 영적인 면이나 도덕적인 면에서 자신보다 뛰어나더라도 분을 느끼지 않는다는 뜻이다. 가인이 아벨을 죽인 이유는 단지 가인이 악했기 때문만은 아니다. 아벨의 선과 자신의 악이 대비되자 화가 났기 때문이다. 아벨의 선은 가인이 악하다는 사실을 가인에게 끊임없이 상기시켰다. 그러나 가인은 회개와 변화를 통해 자신의 악을 해결하는 대신 아벨을 제거했다. 거울에 비친 자신의 모습이 마음에 들지 않으면 거울을 쏴라.

그렇다면 우리 가운데 누구라도 가인과 같다면 어떻게 되겠는가? 이것은 언제라도 우리의 약점이나 나쁜 습관이 다른 사람의 선과 대비되어 노출되면 우리는 그 약점이나 나쁜 습관을 고치는 대신 자신에게 열등감을 안겨 주는 사람들을 멀리한다는 뜻이다.

우리는 이들을 죽이지 않는다. 이들을 피할 뿐이다. 더 나쁘게 말하면, 우리는 이들의 삶에서 우리에게 죄책감을 안겨 주는 부분을 제압하려고 이들을 비판할 방법을 찾는다. 타인의 장점을 짓밟는 가장 좋은 방법은 그의 약점에 관심을 집중시키는 것이라고들 생각한다. 이렇게 함으로써, 우리는 그 사람이 우리에게 끼칠지 모를 모든 유익을 차단해 버린다.

그러나 요한의 핵심은 사랑이라면 이렇게 행동하지 않는다는 것이다. 사랑은 형제자매들의 선한 습관이나 선한 태도나 선한 행동이 발전하는 것을 기뻐한다. 사랑은 이러한 성장을 기뻐한다. 그리고 형제자매들이 이러한 부분에서 자신보다 더 빨리 성장하면, 사랑은 겸손히 자신을 낮추며, 더 나아가 기뻐하는 자들과 함께 기뻐한다.

우리에게 주는 교훈은 이것이다. 어디서든 어떤 성장이나 어떤 덕이나 어떤 영적 훈련이나 어떤 좋은 습관이나 태도를 보면 기뻐하라. 감사하라. 칭찬하라. 분노하지 말라. 가인처럼 되지 말라. 가인과는 정반대로 반응하라. 다른 사람들의 선에 감동하라.

사랑은 겸손하다. 사랑은 다른 사람들의 선을 기뻐한다. 사랑은 자신의 결점을 감추지 않는다. 사랑은 자신의 결점을 고치려고 노력한다. 모두가 서로의 장점에 분노하지 않고 기뻐하는 곳이라면 얼마나 아름다운 교제가 이루어지겠는가! 거듭남이 하나님의 사람들 속에서 하나님의 사랑에 생명을 줄 때, 하나님의 사랑은 바로 이런 모습이다.

요한이 하나님의 사랑이 거듭남을 통해 우리의 삶에서 실현된다고 말하는 구체적인 둘째 방법은 요한일서 3장 16-18절에 나온다.

"그가 우리를 위하여 목숨을 버리셨으니 우리가 이로써 사랑을 알고 우리도 형제들을 위하여 목숨을 버리는 것이 마땅하니라 누가 이 세상의 재물을 가지고 형제의 궁핍함을 보고도 도와 줄 마음을 닫으면 하나님의 사랑이 어찌 그 속에 거하겠느냐 자녀들아 우리가 말과 혀로만 사랑하지 말고 행함과 진실함으로 하자."

요한은 여기서 사랑에 관해 세 가지를 말하는데, 뒤로 갈수록 더 구체적이다. 첫째, 요한은 사랑이라면 사람들을 위해 실제로 뛴다고 말한다. "자녀들아 우리가 말과 혀로만 사랑하지 말고 행함과 진실함으로 하자"(18절).

말은 사람들을 사랑하는 중요한 방식이 못 된다는 뜻이 아니다. 혀에는 잠재적 사랑과 미움이 가득하다. 요한의 말은 실제적인 도움을 구하는 사람에게 말로 때우지 말라는 뜻이다. 서로를 위해 실제로 뛰어라. 그 다음으로 요한은 사랑을 얼마나 진지하게 여겨야 하는가를 말한다. "우리도 형제들을 위하여 목숨을 버리는 것이 마땅하니라"(16절).

그리스도는 우리를 위해 목숨을 버림으로써 우리를 사랑하셨다. 우리가 거듭날 때, 그리스도의 사랑이 우리의 사랑이 되었다. 거듭난 사람 안에는 다른 사람들이 살도록 자신에 대해 죽으라고 하는 깊은 자극이 있다. 거듭난 사람 안에는 그리스도께서 계시며 따라서 종의 마음이 있다. 희생정신이 있다. 다른 사람들이 올라오도록 자신은 내려가려는 자세가 있다. 사랑은 다른 사람들을 희생시켜 자신이 잘 되길 원하지 않는다.

사랑은 다른 사람들이 잘되길 원하며, 이를 위해 자신의 생명을 희생해야 하더라도 개의치 않는다. 예수님이 우리를 돌보실 것이다.

요한은 이렇게 말한다. 첫째, 사랑은 실천적이며 다른 사람들을 위해 선을 행한다.

둘째, 우리는 매우 큰 희생이 따르더라도 이렇게 할 것이다. "그가 우리를 위하여 목숨을 버리셨으니 …… 우리도 형제들을 위하여 목숨을 버리는 것이 마땅하니라."

셋째, 이것은 사람들의 필요를 채우려면 매우 실제적인 희생을 치러야 한다는 뜻이다. "누가 이 세상의 재물을 가지고 형제의 궁핍함을 보고도 도와줄 마음을 닫으면 하나님의 사랑이 어찌 그 속에 거하겠느냐"(17절).

우리가 서로를 위해 목숨을 버리는 방법은 무엇인가? 요한이 생각하는 중요한 방법은 소유를 나누는 것이다. 사랑은 내 것을 따지지 않는다. 사랑은 만물이 하나님께 속했음을 안다. 우리는 하나님의 소유를 관리하는 청지기일 뿐이다. 하나님은 우리가 가진 전부를 자신의 뜻대로 사용하실 수 있다. 하나님은 사랑이시다. 우리가 거듭날 때, 하나님의 사랑이 우리의 사랑이 되었다. 그래서 이제 하나님의 사랑이 우리의 손에 들린 하나님의 소유를 다스린다.

그러므로 첫째, 말이 아니라 행동으로 사랑하는 실천적인 사람이 되자.

둘째, 다른 사람들을 위해 자기를 부인하며 그리스도께서 기꺼이 목숨을 버리셨듯이 우리의 목숨을 버리는 희생적인 사람이 되자.

셋째, 자신의 모든 소유가 하나님의 것이며 자신 또한 하나님의 것임을 알고 자신의 모든 소유를 아낌없이 나누는 사람이 되자. 우리는 하나님의 자녀이며, 하나님의 본성을 가졌다. 그리고 하나님은 사랑이시다.

하나님이 아들을 보냄으로 나타내신 사랑에, 아버지의 사랑이 어떠한지 우리에게 보여 주려고 목숨을 버리신 아들에게 새롭게 집중할 수 있게 하나님의 은혜가 우리에게 임하길 기도하자! 우리가 그리스도 안에 있는 하나님의 영광스러운 사랑에 집중할 때, 거듭남이 우리를 향한 하나님의 사랑과 서로를 향한 우리의 사랑을 연결할 때 우리 가운데서 확증되도록 기도하자.

"사랑하는 자들아 우리가 서로 사랑하자 사랑은 하나님께 속한 것이니 사랑하는 자마다 하나님으로부터 나서 하나님을 알고"(요일 4:7).

Finally
Alive

거듭남의 통로로 세움받은 삶

너희가 진리를 순종함으로
너희 영혼을 깨끗하게 하여 거짓이 없이

형제를 사랑하기에 이르렀으니 마음으로 뜨겁게 서로 사랑하라 너희가 거듭난 것은 썩어질 씨로 된 것이 아니요 썩지 아니할 씨로 된 것이니 살아 있고 항상 있는 하나님의 말씀으로 되었느니라 그러므로 모든 육체는 풀과 같고 그 모든 영광은 풀의 꽃과 같으니 풀은 마르고 꽃은 떨어지되 오직 주의 말씀은 세세토록 있도다 하였으니 너희에게 전한 복음이 곧 이 말씀이니라 그러므로 모든 악독과 모든 기만과 외식과 시기와 모든 비방하는 말을 버리고 갓난아기들 같이 순전하고 신령한 젖을 사모하라 이는 그로 말미암아 너희로 구원에 이르도록 자라게 하려 함이라 너희가 주의 인자하심을 맛보았으면 그리하라 _벧전 1:22-2:3

복음을 전하라

나의 느낌이 하나님은 아니다. 오직 하나님이 하나님이시다.

구원 받는 믿음이 가능한 단 한 가지 이유는 하나님이 불신자들을 거듭나게 하시기 때문이다(요일 5:1 참조). 전도할 때, 이러한 성경의 진리는 우리가 힘과 용기와 담대함을 느끼고 유익을 얻게 할 수도 있다. 그런가 하면 반대로 우리가 숙명적이고 알맹이가 없으며 동기부여도 못 받고 무기력해지게 할 수도 있다.

불신자를 전도할 때, 만약에 자신이 숙명적이고 알맹이도 없고 동기부여도 못 받으며 무기력하다고 느낀다면, 이러한 느낌은 앞서 말한 진리와 일치하지 않는 것이다. 따라서 이런 느낌을 바꿔 달라고 간절히 기도해야 한다.

종잡지 못할 나의 느낌을 궁극적 실재에 맞추려고 애쓰는 모습, 이것이 내가 매일 살아가는 방식이다. 나의 느낌이 하나님은 아니다. 오직 하나님이 하나님이시다. 나의 느낌은 내 지성의 지각(知覺)에 대한 메아리며 반응이다. 많은 경우 나의 느낌은 진리와 상충한다. 이런 일이 일어날 때 나의 불완전한 느낌을 정당화하려고 진리를 왜곡하려 하는 게 아니라 오히려 하나님께 간구한다. "당신의 진리에 대한 나의 지각을 깨끗하게 하시고 나의 느낌을 변화시켜 진리와 일치되게 하소서."

이것이 내가 매일을 살아가는 방식이다. 당신도 이 싸움에 동참하기 바란다.

그러므로 나는 불신자를 전도할 때 성경의 어느 진리—예를 들면, 거듭남에서 하나님의 역사는 구원하는 믿음에 선행하며 그 믿음을 가능하게 한다는 사실처럼—때문에 내가 낙담하거나 초점을 잃거나 동기부여를 못 받거나 무기력하다는 느낌이 들면, 마음을 하나님께로 돌리고 기도한다.

"하나님, 이 진리는 당신의 말씀에 분명히 나타납니다. 내가 이 진리를 볼 때, 당신의 성령으로 이 진리가 나를 자유하게 하며, 내게 힘과 용기를 주며, 나로 기쁘고 담대하게 복음을 전하게 하며, 전도할 때 내게 유익이 되게 하소서."

내가 노력하듯이, 당신도 진리와 일치하지 않는 느낌을 마음속에서 제거하기 위해 성령의 능력을 활용하는 법을 아는 지혜에서 자라길 기도한다. 자신의 느낌이 변화되어 하나님의 말씀의 진리와 일치하도록 하나님을 붙잡는 법을 아는 지혜에서 자라길 기도한다.

사랑하는 이들의 거듭남을 도우라 🍃

이 책의 모든 내용은 전도에 초점을 맞춘 마지막 두 장의 서문이다. 이제 사람들이 거듭나도록 도울 때 우리 역할이 무엇인가라는 질문에 답해야 할 책임을 느낀다.

이 책에서 지금까지 살펴본 바가 암시하듯이, 한 사람이 거듭나는 사건에서 하나님의 역할은 결정적이며, 한 사람이 거듭나는 사건에서 우리의 역할은 필수적이다. 그렇다면 우리는 불신자들이 거듭나도록 돕기 위해 무엇을 해야 하는가?

성경은 이렇게 답한다. 사랑의 마음과 섬김의 삶을 통해 그리스도의 복음을 전하라. 이 둘의 결합을 보여 주는 작은 그림이 고린도후서 4장 5절에 나온다. "우리는 우리를 전파하는 것이 아니라 오직 그리스도 예수의 주 되신 것과 또 예수를 위하여 우리가 너희의 종 된 것을 전파함이라."

그리스도를 주(Lord)로 선포하고 스스로 종이 되어 기쁨으로 온전히 주를 섬기는 것이다.

겸손이나 종의 마음이 없이 오만한 태도로 거드름을 피우면서 그리스도를 선포하는 행위는 복음과 모순된다. 뿐만 아니라 복음을 전혀 전하지 않고 침묵하는 종은 사랑과 모순된다. "우리는 …… 오직 그리스도 예수의 주 되신 것과 또 예수를 위하여 우리가 너희의 종 된 것을 전파함이라."

이것이 우리가 사람들이 거듭나도록 돕기 위해 하는 일이다. 우리는 사람들에게 사랑의 마음과 섬김의 삶을 통해 그리스도의 복된 소식을 전한다.

이제 다시 베드로전서 1장 22-25절로 돌아가 한 사람의 거듭남이 사랑의 마음과 섬김의 삶을 통해 그리스도의 복음을 전하는 우리의 역할과 어떻게 연결되는지 살펴보자. 우리는 앞서 이 본문을 거듭 살펴보았다. 그러나 이번에 던지려는 질문은 이전 것들과 다르다. 거듭남의 실재는 불신자들에 대한 우리의 증언에 대해 무엇을 암시하는가? 지금까지 이 본문에서 살펴본 내용을 아주 간단히 되짚어 보자(이번에는 논증 없이).

"너희가 진리를 순종함으로 너희 영혼을 깨끗하게 하여 거짓이 없이 형제를 사랑하기에 이르렀으니 마음으로 뜨겁게 서로 사랑하라"(22절).

거듭날 때, 우리 영혼은 깨끗해진다. 진리에 순종한다는 말은 복음을 믿는다는 뜻이다. 진리란 그리스도의 복음이며, 따라서 복음에 순종한다는 말은 그리스도를 믿는다는 뜻이다.

거짓 없는 형제 사랑은 거듭남의 결과이며 열매다. 그러므로 베드로는 말한다. 이런 일이 너희에게 일어났으니 "마음으로 뜨겁게 서로 사랑하라." 바꾸어 말하면 다음과 같다. "너희가 변화된 사랑의 삶을 위해 복음을 믿어 거듭났으니 이제 그 사랑의 삶을 실천하라. 서로 사랑하라."

그리고 23절에서 베드로는 거듭남이라는 표현을 직접 사용한다. "너희가 거듭난 것은 썩어질 씨로 된 것이 아니요 썩지 아니할 씨로 된 것이니 살아 있고 항상 있는 하나님의 말씀으로 되었느니라."

이것은 성경에서 우리의 거듭남과 다른 사람들의 거듭남에서 우리가 하는 역할 간의 관계를 보여 주는 가장 중요한 구절일 것이다. 핵심 부분은 이것이다. "너희가 거듭난 것은 …… 살아 있고 항상 있는 하나님의 말씀으로 되었느니라."

영적으로 죽었으며 믿지 않는 마음에 하나님이 새 생명을 창조하기 위해 사용하시는 씨는 하나님의 말씀이라는 것이다. "너희가 거듭난 것은 썩어질 씨로 된 것이 아니요 썩지 아니할 씨로 된 것이니 [곧] 살아 있고 항상 있는 하나님의 말씀으로 되었느니라."

이 구절이 함축하는 의미를 안다면, 이 구절 하나 때문에 우리의 삶이 깊은 변화를 체험할 것이다.

그러나 이 구절이 함축하는 의미를 알려면 하나님의 말씀이 무엇인지 분명히 알아야 한다. 하나님의 말씀을 이해하는 방식은 다양하다. 세상은 하나님의 말씀으로 창조되었다(히 11:3 참조). 예수님이 하나님의 말씀이라 불리신다(요 1:1, 14 참조). 십계명이 하나님의 말씀이라 불린다(막 7:13 참조). 이스라엘이 받은 약속이 하나님의 말씀이라 불린다(롬 9:6 참조).

베드로가 23절에서 우리를 거듭나게 하는 하나님의 말씀에서 의미하는 대상은 매우 구체적이다. 첫째, 베드로는 하나님의 말씀이 살아 있고 항상 있다고 말한다. "너희가 거듭난 것은 …… 살아 있고 항상 있는 하나님의 말씀으로 되었느니라."

하나님의 말씀이 살아 있는 이유는 하나님의 말씀에는 새 생명을 주는 하나님의 능력이 있기 때문이다. 그리고 하나님의 말씀이 항상 있는 이유는 하나님의 말씀이 생명을 창조하면 그 생명을 영원히 유지하기 때문이다.

다음으로, 베드로는 24-25절에서 하나님의 말씀에 관한 이와 같은 주장을 설명하고 뒷받침하면서 이사야 40장 6-8절 말씀을 인용한다. "그러므로 모든 육체는 풀과 같고 그 모든 영광은 풀의 꽃과 같으니 풀은 마르고 꽃은 떨어지되 오직 주의 말씀은 세세토록 있도다 하였으니."

하나님의 말씀은 풀이나 꽃과는 다르다. 풀이나 꽃은 잠시 무성하고 잠깐 기쁨을 주다가 어느 순간 사라져 버리고 그들이 유지했던 생명도 함께 사라지고 만다. 하지만 하나님의 말씀이 창조하시는 생명은 영원하다. 이는 생명을 창조하며 생명을 유지하는 하나님의 말씀이 영원하기 때문이다.

그 다음으로 베드로는 "하나님의 말씀"이 무엇을 가리키는지 정확히 말한다. 베드로는 25절 끝에서 "너희에게 전한 복음이 곧 이 말씀이니라"고 말한다. 풀어쓰면 이렇다. "너희에게 전파된 복음이 썩지 아니할 씨며, 너희를 거듭나게 한 살아 있고 항상 있는 하나님의 말씀이다."

그러므로 죽었으며 믿지 않는 마음에, 하나님은 복음, 곧 좋은 소식을 통해 거듭남이 일어나게 하신다.

복음 곧, 좋은 소식이란 이것이다. 하나님의 아들 그리스도께서 우리를 대신하여 죽으심으로-우리의 화목제물(대속물)이 되심으로-우리의 모든 죗값을 지불하셨고, 완전한 의를 이루셨으며, 하나님의 모든 진노를 받고 제거하셨으며, 죽음을 이기고 부활하셨으니, 우리가 하나님 앞에서 영원한 생명과 기쁨을 누리게 하기 위해서다. 하나님은 이 모두를 오직 예수 그리스도를 믿는 믿음을 통해 값없이 주신다. 이것이 복음이다. 2천 년이 지난 지금도 이것은 세상에서 가장 놀라운 소식이다. 아직 이 소식을 듣지 못한 사람들이 (원근 각지에) 엄청나게 많다.

그러므로 여기서 핵심은 이것이다. 그리고 당신이 사랑하는 단 한 사람이(또는 수많은 사람들이) 있는데, 그들이 거듭나 산 소망을 갖는 모습을 보고 싶다면 이 핵심은 엄청나게 중요하다. 사람들은 예수 그리스도의 복음에 집중된 하나님의 말씀을 들음으로써 거듭난다. 사람들은 "살아 있고 항상 있는 하나님의 말씀 …… 복음"으로 거듭난다. 하나님의 일과 당신의 일이 이렇게 연합한다.

- 하나님은 말씀의 씨, 곧 복음을 통해 거듭남을 일으키신다.
- 하나님은 복음을 전하는 당신의 행위를 통해 거듭남을 일으키신다.
- 하나님은 그리스도가 누구며 십자가와 부활에서 무엇을 하셨는지에 관한 소식을 통해 사람들을 거듭나게 하신다.
- 하나님은 복음을 전하는 당신의 말을 통해 죽은 마음에 새 생명을 주신다.

이제 처음에 던졌던 질문으로 돌아가 보자. 우리는 불신자들이 거듭나도록 돕기 위해 무엇을 해야 하는가?

이것이 대답이다. 사랑의 마음과 섬김의 삶을 통해 사람들에게 그리스도의 복음을 전하라. 사랑의 마음과 섬김의 삶에 관해서는 나중에 자세히 살펴보고, 여기서는 구원하는 씨는 하나님의 말씀 – 전파된 복음 – 이라는 놀라운 사실에 잠시 집중하자.

새 생명을 창조하는 씨는 신자들의 입에 있으며 불신자들에게 전파되는 복음이다. 보지 못하는 자들의 눈을 여는 수술 도구는 복음을 전하며 설명하는 우리의 말이다.

어떻게 이것이 우리에게 단순한 확신을 넘어 열정이 될 수 있는가? 하나님이 이번 장에서 그분의 말씀을 통해 우리 안에 이러한 열정을 일깨우시길 기도한다. 그런 의미에서 그분의 말씀을 좀 더 살펴보자. "[하나님이] 자기의 뜻을 따라 진리의 말씀으로 우리를 낳으셨느니라" (약 1:18).

주님의 형제 야고보는 "진리의 말씀으로"라고 말한다. 하나님이 진리의 말씀으로 우리를 낳으셨다. 이것은 거듭남을 말한다.

우리가 살펴보는 베드로전서 1장 23-25절("너희가 거듭난 것은 …… 살아 있고 항상 있는 말씀으로 되었느니라 …… 복음이 곧 이 말씀이니라")로부터 불과 아홉 절 떨어진 2장 9절에서 베드로는 이렇게 말한다. "너희는 택하신 족속이요 왕 같은 제사장들이요 거룩한 나라요 그의 소유가 된 백성이니 이는 너희를 어두운 데서 불러내어 그의 기이한 빛에 들어가게 하신 이의 아름다운 덕을 선포하게 하려 하심이라."

하나님은 하나님의 말씀, 곧 복음을 통해(1:23-25 참조) 우리를 어둠에서 불러내 그분의 기이한 빛에 들어가게 하셨다. 그러면 우리는 이제 이 기이한 빛으로 무엇을 해야 하는가? 왜 우리가 이 땅에 존재하는가? 정말 중요한 한 가지 이유가 우리 시대에도 적용된다. "이는 너희를 어두운 데서 불러내어 그의 기이한 빛에 들어가게 하신 이의 아름다운 덕을 선포하게 하려 하심이라."

우리가 그리스도의 사랑과 능력과 지혜의 기이한 빛 가운데 사는 이유는 그리스도의 아름다운 덕을 선포함으로써 이러한 기이한 빛 가운데 충만한 기쁨을 누리게 하기 위해서다.

왜 그런가? 복음을 들음으로 사람들이 거듭나기 때문이다. 거듭날 때, 사람들은 어두운 데서 기이한 빛으로 옮겨져 그리스도를 참모습대로 보며, 참모습대로 귀히 여기며, 따라서 참모습대로 높인다.

영적 미각 살리기

여러 교회에 속한 수많은 그리스도인들이 불신자들을 향한 복음 전파에 열정을 품으려면 무엇이 필요한가? 우리가 당연히 가져야 할 분량만큼의 열정을 갖지 못하는 한 가지 이유는 현대 문명의 삶이 너무 흥미로워 절대적이며 영원한 영적 필요를 말하기는 고사하고 느끼기도 힘들기 때문이다. 세상이 너무 재미있고 흥미롭다. 따라서 멸망을 향해 가는 사람들에 대한 생각으로 자신이나 타인을 불편하게 하는 일은 어렵게 보인다. 이런 일은 무겁다. 반면에 현대 문명의 삶은 너무도 가볍다.

그러므로 어쩌면 하나님은 예루살렘 교회에게 하셨던 일을 다시 하시지 않을까 싶다. 예루살렘 교회는 예수님이 사도행전 1장 8절에서 말씀을 좇아 예루살렘을 벗어나 유대와 사마리아와 땅 끝까지 복음을 전해야 하지만 그러지 않았다. 그래서 스데반이 일어나 거부하지 못할 증언을 했고(행 6:10 참조), 대적들이 그를 제어하는 길은 그를 죽이는 것뿐이었다(행 7:60 참조).

이들이 스데반을 죽였을 때, 박해는 예루살렘의 모든 그리스도인들에게로 확대되었다. "그날에 예루살렘에 있는 교회에 큰 박해가 있어 사도 외에는 다 유대와 사마리아 모든 땅으로 흩어지니라"(행 8:1).

박해 이후 이어지는 결과는 어떠했는가? "그 흩어진 사람들이 두루 다니며 복음의 말씀을 전할새"(행 8:4). 문자적으로 말하면, "흩어진 사람들이 두루 다니며 그 말씀을 좋은 소식으로 전했다"(*euangelizomenoi ton logon*, 행 8:4-5).

이들은 설교자가 아니었다. 이들은, 이들 가운데 수천은 그저 평범한 사람이었다(행 2:41 참조). 그런데 이들은 고향에서 쫓겨난 처지이면서도 가는 곳마다 기쁨으로 복음을 전했다.

박해와 고통, 상실과 유배와 실향이라는 가혹하고 처절한 고통을 겪으면서도 어쩌면 이토록 놀라운 반응을 나타낼 수 있단 말인가? 이들은 어디를 가더라도 아무런 불평을 늘어놓지 않았고, 어디를 가든 하나님께 전혀 따지지 않았다. 어디를 가든지 "복음의 말씀을 전했다."

우리가 복음을 이만큼 사랑하고, 잃어버린 사람들에 대해 이만큼 열정이 있다면! 그래서 고난도, 고통도, 박해도, 기근도, 헐벗음도, 위험도, 칼도, 총도, 테러리스트도 우리를 두려워 떠는 불평주의자로 바꾸지 못하며 오히려 담대한 복음 전파자가 되게 한다면!

이들은 정확히 박해를 받을 때, 가는 곳마다 그리스도의 복음을 전했다. 주님께서 우리에게도 이렇게 하시길 기도한다. 그분은 세계 각지에서 분명 이런 방식으로 일하신다. 박해 받는 그리스도인들이 사랑으로 담대하고 분명하게 전하는 복음을 통해 수많은 사람들이 거듭나고 있는 게 분명하다.

어떻게 하면 이처럼 기쁨이 넘치는 용기를 가질 수 있는가? 마지막 장에서 몇 가지 구체적인 예와 방법을 다루고, 여기서는 간단한 대답으로 마무리하겠다. 베드로전서 1장 23-25절에 바로 이어지는 베드로의 조언을 따를 때, 우리는 기뻐하며 담대하게 복음을 전하게 될 것이다.

> "그러므로 모든 악독과 모든 기만과 외식과 시기와 모든 비
> 방하는 말을 버리고 갓난아기들같이 순전하고 신령한 젖을 사
> 모하라 이는 그로 말미암아 너희로 구원에 이르도록 자라게
> 하려 함이라 너희가 주의 인자하심을 맛보았으면 그리하라"
> (벧전 2:1-3).

베드로는 "갓난아기"를 언급하는데, 이 지역 모든 성도들이 성숙하지 못했다는 뜻이 아니다. 이들은 미숙하지 않았다. 여기서 베드로는 미성숙을 말하는 게 아니다. 베드로는 거듭난 모든 사람들이 사모하는 대상을 말하며, 우리에게 아기가 젖을 사모하듯 이것을 사모하라고 독려하는 것이다. 베드로는 우리가 사모해야 하는 대상이 순전하고 신령하다(pure and spiritual)고 규정한다.

신령한(*lagikon*)으로 번역한 단어는 육적인(carnal), 육체적인(fleshly), 세상적인(worldly)이라는 단어들과 반대되는 의미가 아니다. 오히려 문자적인(literal)이라는 단어와 반대되는 의미로 사용되었다. 여기서 이

단어는 상징적인(symbolic)이라는 뜻이며, 구체적으로 말하면 하나님의 말씀을 상징한다. 그러므로 이 부분을 '순수한 말씀의 젖'(sincere milk of the word)으로 옮긴 KJV의 번역이 옳다. "순수한 말씀의 젖을 사모하라"(벧전 2:2).

베드로는 우리가 살아 있고 항상 있는 말씀, 곧 복음으로 거듭났다고 말하는 데서 그치지 않는다. 이제 베드로는 이렇게 말한다. 갓난아기들이 젖을 사모하듯이 이제 이 말씀을 날마다 사모하라. 갓난아기들이 생명을 유지하고 자라려면 젖을 반드시 먹어야 하듯이, 죽듯이, 날마다 말씀의 필요를 느껴라.

"사람이 떡으로만 살 것이 아니요 하나님의 입으로부터 나오는 모든 말씀으로 살 것이라"(마 4:4).

너희가 악독과 기만과 외식(위선)과 시기와 비방으로부터 자유하려면—너희가 사랑의 마음과 섬김의 삶으로 복음을 전하려면—갓난아기들이 젖에 주리고 젖을 사모하듯이 하나님의 말씀에 주리고 그 말씀을 사모해야 한다.

왜 우리는 이렇게 하길 원하는가? 베드로전서 2장 3절은 우리가 "주의 인자하심을 맛보았으면" 이렇게 하나님의 말씀을 사모하리라고 말한다. 이것이 바로 개인 전도의 열쇠다.

당신은 하나님의 말씀—특히 복음—을 통해 주의 인자하심을 맛보았는가? 지금 '주의 인자하심을 생각해 보셨나요?'라고 묻는 게 아니다. '주의 인자하심을 맛보셨나요?'라고 묻고 있다. 당신의 마음에 그리스도를 다른 그 무엇보다 사모하는 살아 있는 영적 미각이 있는가?

바로 이 부분에서 진지해져야 한다. 우리가 주의 인자하심을 맛보면 거듭나게 하시는 하나님의 강한 능력의 씨를 조금의 망설임도 없이 뿌릴 것이다.

주님이 우리의 기쁨이다. 주님이 우리의 보화다. 주님이 우리의 고기며 젖이며 물이며 포도주다. 우리는 하나님의 말씀을 통해 이것을 맛본다. 우리가 하나님의 말씀의 포도주에 취했으며 주의 인자하심을 맛보았기 때문에 하나님이 우리의 혀를 풀어 담대하게 복음을 전하게 하시길 기도한다.

그러므로 우리가 이 직분을 받아
긍휼하심을 입은 대로 낙심하지 아니하고
이에 숨은 부끄러움의 일을 버리고 속임으로 행하지 아니하며 하나님의 말씀을 혼잡하게 하지 아니하고 오직 진리를 나타냄으로 하나님 앞에서 각 사람의 양심에 대하여 스스로 추천하노라 만일 우리의 복음이 가리었으면 망하는 자들에게 가리어진 것이라 그 중에 이 세상의 신이 믿지 아니하는 자들의 마음을 혼미하게 하여 그리스도의 영광의 복음의 광채가 비치지 못하게 함이니 그리스도는 하나님의 형상이니라 우리는 우리를 전파하는 것이 아니라 오직 그리스도 예수의 주 되신 것과 또 예수를 위하여 우리가 너희의 종 된 것을 전파함이라 어두운 데에 빛이 비치라 말씀하셨던 그 하나님께서 예수 그리스도의 얼굴에 있는 하나님의 영광을 아는 빛을 우리 마음에 비추셨느니라 우리가 이 보배를 질그릇에 가졌으니 이는 심히 큰 능력은 하나님께 있고 우리에게 있지 아니함을 알게 하려 함이라 _고후 4:1-7

세상 속으로 들어가자

전도는 허비되는 법이 없다.

언제, 어디서 이 책을 끝맺어야 할까? 운동장에서, 거리에서, 자동차 안에서, 뒤뜰에서, 학교에서, 직장에서, 점심 식탁 앞에서, 통화 중에, 문자 메시지를 보내는 중에, 블로그 활동을 하는 중에, 비행기 안에서, 수많은 평범한 대화중에.

우리는 개인전도로 이 책을 끝맺어야 한다. '개인전도'란 예수 그리스도의 영광을 위해, 영적으로 죽은 수많은 사람들이 거듭나도록 새로운 상황 상황에서 주어지는 오래된 형태의 사명이다.

우리는 베드로전서 1장 23절에 나타난 성경 진리를 거듭 확인했다. "너희가 거듭난 것은 …… 살아 있고 항상 있는 하나님의 말씀으로 되었느니라." 25절은 이 "말씀"이 무엇인지 설명한다. "너희에게 전한 복음이 곧 이 말씀이니라."

하나님은 복음을 통해, 즉, 하나님이 자신의 아들을 세상에 보내 완전한 삶을 살고, 죄인을 위해 죽으며, 하나님의 진노를 견디며, 우리의 죄책(罪責)을 제거하며, 우리에게 의를 선물하고, 율법의 행위와는 무관하게 오직 믿음을 통해 그리스도 안에 있는 영원한 기쁨을 우리에게 주신다는 좋은 소식을 통해 거듭남을 일으키신다는 뜻이다.

사람들은 이 소식을 들음으로 거듭나며, 이 소식을 못 들으면 거듭나지 못한다. "믿음은 들음에서 나며 들음은 그리스도의 말씀으로 말미암았느니라"(롬 10:17).

그러므로 '사람들이 거듭나도록 돕기 위해 우리는 무엇을 해야 하나요?'라고 물을 때 성경은 분명하게 대답한다. 사랑의 마음과 섬김의 삶으로 사람들에게 복음을 전하라.

이번 장에서는 이러한 핵심을 새로운 몇몇 본문을 통해 강조하고 몇 가지 격려와 실제적인 도움을 주려는 데 목적이 있다.

빛을 비추시는 분

고린도후서 4장 4절은 그리스도가 없는 사람들의 상태를 정확히 지적한다. "그 중에 이 세상의 신이 믿지 아니하는 자들의 마음을 혼미하게 하여 그리스도의 영광의 복음의 광채가 비치지 못하게 함이니 그리스도는 하나님의 형상이니라."

그리스도를 믿지 않는 사람들은 혼미하다(blind, 보지 못한다). 이들은 그리스도를 가장 귀하게 보지 못하기 때문에 그리스도를 자신의 보화로 받아들이려 하지 않으며, 따라서 구원을 받지 못했다. 이들이 그리스도를 자기 삶의 구원자요 주님이요 보화로 보고 받아들이도록 이들의 눈을 열며 이들에게 생명을 주려면 하나님의 일이 필요하다. 이러한 하나님의 일을 가리켜 거듭남이라 한다.

다음으로, 보지 못하며 멸망으로 향하는 이들의 상태를 해결할 방법을 찾아보자. "어두운 데에 빛이 비치라 말씀하셨던 그 하나님께서 예수 그리스도의 얼굴에 있는 하나님의 영광을 아는 빛을 우리 마음에 비추셨느니라"(고후 4:6).

이 구절은 거듭남이라는 용어를 사용하지는 않지만, 분명히 거듭남에 대해 말하고 있다. 태초에 빛을 창조하신 하나님이 인간의 마음에서 그때와 똑같은 일을 하신다. 이번에는 빛이 물리적 빛이 아니라 "그리스도의 얼굴에 있는 하나님의 영광을 아는 빛"이라는 점만 다르다. 4절이 말하듯이, 이 빛은 "그리스도의 영광의 복음의 광채"인데, "그리스도는 하나님의 형상"이다.

하나님은 인간의 마음이 그리스도의 진리와 아름다움과 가치—그리스도의 영광—를 보게 하신다. 우리는 그리스도를 참모습 그대로 볼 때 그분을 참모습대로 영접한다. 그리스도를 영접한 사람들은 누구나 하나님의 자녀가 되는 권세를 받았다(요 1:12 참조). 우리는 자녀들이 몇 살이든 간에 이렇게 되길 원한다. 또 부모와 배우자와 이웃과 동료와 학교 친구들도 이렇게 되길 원한다. 우리는 빛이 이들의 마음을 비춤으로 이들이 그리스도를 보고 영접하고 더불어 이들이 거듭나길 원한다.

하나님은 당신을 보내신다!

하나님이 이 일을 위해 사용하시는 인간 도구들을 보라. "우리는 우리를 전파하는 것이 아니라 오직 그리스도 예수의 주 되신 것과 또 예수를 위하여 우리가 너희의 종 된 것을 전파함이라"(고후 4:5).

바울의 역할은 사랑의 마음과 섬김의 삶으로 그리스도를 선포하는 것이었다. 3절은 이 선포를 복음이라 부른다. "만일 우리의 복음이 가리었으면 망하는 자들에게 가리어진 것이라."

영적으로 눈이 먼 사람들이 보지 못하고 영적으로 귀가 먼 사람들이 듣지 못하는 것은 복음이다. 그러므로 '사람들이 거듭나도록 돕기 위해 우리는 무엇을 해야 하나요?'라는 질문에 우리는 이렇게 답한다. 사랑의 마음과 섬김의 삶으로 사람들에게 복음을 전하라.

거듭남에서 인간의 역할을 보여 주는 놀라운 그림이 있다. 사도행전 26장에서, 바울은 자신이 어떻게 회심했고 어떻게 사역의 소명을 받았는지 아그립바 왕에게 말하는 중이다. 바울은 다메섹으로 가는 길에 그리스도를 만났던 놀라운 체험을 이야기한다. 그런 후에 그리스도께서 자신에게 맡기신 사명을 말한다. 사명의 내용은 놀랍다. 바울은 예수님이 자신에게 이렇게 말씀하셨다고 말한다.

"주께서 이르시되 나는 네가 박해하는 예수라 일어나 너의 발로 서라 내가 네게 나타난 것은 곧 네가 나를 본 일과 장차 내가 네게 나타날 일에 너로 종과 증인을 삼으려 함이니 이스라엘과 이방인들에게서 내가 너를 구원하여 그들에게 보내어 그 눈을 뜨게 하여 어둠에서 빛으로 사탄의 권세에서 하나님께

로 돌아오게 하고 죄 사함과 나를 믿어 거룩하게 된 무리 가운

데서 기업을 얻게 하리라"(행 26:15-18).

이 사명은 거듭남의 기적에서 인간의 역할에 대해 놀라운 암시를 준다. 예수님은 바울에게 "내가 너를 …… 그들에게 보내어 그 눈을 뜨게 하여"라고 말씀하신다. 이 사명에 무엇이 달렸는지 보라. "어둠에서 빛으로 사탄의 권세에서 하나님께 돌아오게 하고 죄 사함과 나를 믿어 거룩하게 된 무리 가운데서 기업을 얻게 하리라."

고린도후서 4장에 따르면, 하나님이 보는 눈을 주실 때까지, 하나님이 거듭나게 하실 때까지, 인간은 영적으로 눈이 멀었다(혼미하다). 사도행전 26장 18절에서, 예수님은 "내가 너를 …… 그들에게 보내어 그 눈을 뜨게 하여"라고 말씀하신다. 참 쉽게 알아차릴 수 있는 핵심이다. 하나님은 보지 못하는 자들의 눈을 열어 그리스도의 진리와 아름다움과 가치를 보게 하신다. 하나님은 이렇게 하시려고 사랑의 마음과 섬김의 삶으로 복음을 전하도록 사람들을 보내신다.

나는 바로 이 일을 위해 점점 더 기도한다. "주님, 보지 못하는 자들이 눈을 뜨게 하려는 열정으로 당신의 교회를 채우소서. 당신에게는 우리를 거듭남의 도구로 삼아 하리라고 약속하시는 일이 있으니, 이제 그 일을 하려는 열정으로 우리를 채우소서."

예수님이 바울에게 말씀하신 방식으로 나도 당신에게 말한다. 가서 그들의 눈을 열어라. 당신이 이렇게 하지 못한다고 포기하지 말라. 물론 당신은 하지 못한다. 오직 하나님만이 보지 못하는 자들의 눈을 여신다(고후 4:6 참조). 그러나 당신이 전기를 생산하지 못하거나 빛을 만

들어 내지 못한다고 스위치조차 누르려 하지 않아서는 안 된다. 당신이 세포 조직을 만들지 못한다고 음식조차 먹으려 하지 않아서는 안 된다. 그러므로 당신이 거듭남을 일으키지 못한다고 복음을 전하려고조차 하지 않아서는 안 된다. 사람들은 살아 있고 항상 있는 말씀, 곧 예수 그리스도의 복음을 통해 거듭난다.

당신을 위한 열 가지 격려

다음 몇 가지 격려가 당신에게 도움이 되길 바란다.

1. 하나님은 질그릇을 사용하신다.

고린도후서 4장 4-6절의 문맥으로 돌아가 보자. 그 다음 구절이 중요한데, 대개 이 구절을 문맥 속에서 읽지 않는다. 6절은 우주의 빛을 창조하신 하나님이 우리처럼 보지 못하는 죄인들의 마음에 동일한 일을 하신다고 말한다. "하나님께서 예수 그리스도의 얼굴에 있는 하나님의 영광을 아는 빛을 우리 마음에 비추셨느니라."

4절은 이 빛을 "그리스도의 영광의 복음의 광채"라 부른다.

이것이 문맥이다. 이제 7절을 보자. "우리가 이 보배를 질그릇에 가졌으니 이는 심히 큰 능력은 하나님께 있고 우리에게 있지 아니함을 알게 하려 함이라." 우리는 "이 보배"를 가졌다. 무슨 보배인가? "예수 그리스도의 얼굴에 있는 하나님의 영광을 아는 빛"이다. 또는 "그리스도의 영광의 복음의 광채"다. 간단히 말하면 우리는 빛을 주는 능력이 있는 복음을 가졌다.

"우리가 이 보배를 질그릇에 가졌나니." 질그릇은 우리를 가리킨다. 우리는 질그릇이다. 우리가 담은 보배와 비교하면, 우리는 그야말로 진흙일 뿐이다. 우리가 금이 아니라, 바로 복음이 금이다. 우리가 은이 아니라, 그리스도의 소식이 은이다. 우리가 동(銅)이 아니라, 그리스도의 능력이 동이다.

자신이 복음이라는 보배를 나누기에 보통이거나 보통 이하라고 느낀다면, 강하고 지혜로우며 부족한 부분이 없다고 느끼는 사람보다 당신이 진리에 더 가깝다는 뜻이다. 바울은 우리가 토기라는 사실을 깨닫길 원한다. 우리는 금이나 은이나 동이 아니다. 바울은 우리가 가장 똑똑한 사람에서 가장 평범한 사람에 이르기까지 이 사실을, 복음을 담고 나누는 일에서 우리 모두 질그릇이라는 사실을 깨닫길 원한다. 복음은 너무나 귀하고 강력하기에 복음을 담는 그릇이 자신은 복음에 견줄 만하다고 조금이라도 생각한다면 어리석은 짓이다.

바울은 1세기에 가장 많은 열매를 맺은 두 사람이라 해도 좋을 자신과 아볼로에 관해 뭐라고 말하는가? "그런즉 아볼로는 무엇이며 바울은 무엇이냐 그들은 주께서 각각 주신 대로 너희로 하여금 믿게 한 사역자들이니라 나는 심었고 아볼로는 물을 주었으되 오직 하나님께서 자라나게 하셨나니 그런즉 심는 이나 물 주는 이는 아무것도 아니로되 오직 자라게 하시는 이는 하나님뿐이니라"(고전 3:5-7).

우리가 질그릇이라는 사실의 핵심은 무엇인가? 고린도후서 4장 7절로 돌아가 보자. "우리가 이 보배를 질그릇에 가졌으니 이는 심히 큰 능력은 하나님께 있고 우리에게 있지 아니함을 알게 하려 함이라."

하나님의 목적은 복음을 통해 자신의 능력이 높이 드러나게 하는 것이다. 이것은 자신이 복음 전하기에 보통이거나 보통 이하라고 느낀다면, 당신은 하나님이 찾으시는 사람, 곧 눈부신 지성이 아니라 눈부신 달변이 아니라 눈부신 아름다움이나 힘이나 교양이 아니라 복음이라는 보배만 담는 질그릇이라는 뜻이다. 그러면 하나님은 복음을 통해 자신의 일을 하시며, 심히 큰 능력이 우리가 아닌 하나님께 속한다. 평범한 그리스도인이여, 용기를 내라. 당신은 정확히 평범한 가운데 세상에서 가장 큰일을 하도록, 보지 못하는 사람들의 눈을 열며 그들에게 보배이신 그리스도를 보여 주도록 지명되었다.

2. 나눌 재료를 확보하라.

좋은 신앙서적을 선물하는 것은 개인적인 복음전파를 확대하는 좋은 방법이다. 우리는 www.desiringGod.org를 통해 전도 소책자를 최대한 싸게 또는 정해진 가격 없이 주는 대로 받고 보급한다.[주23] 매우 유용한 수십 가지 자료를 준비해 두었다.

나는 할 수 있다면 어디서든지 그리스도를 전하길 원한다. 나는 하나님이 사람들에게 생명을 주기 위해 사용하시는 이야기를 들려주길 원한다. 당신의 주머니나 지갑이나 서류가방이나 자동차에 뭔가를 넣고 다녀라. 그리고 매일 기도하라. "주님, 나를 복음을 전하는 도구로 써 주세요. 보지 못하는 사람들의 눈을 여는 도구로 써 주세요."

3. 당신의 말은 영향력의 시작이다.

당신이 예수님에 관해 누군가에게 전하는 말을 여러 사람이 보충하리라는 것을 기억하라. 하나님은 당신이 복음을 전한 사람을 구원하시려고 당신의 뒤를 이어 그에게 다가갈 사람들을 자신의 섭리를 따라 준비해 두셨다. 당신은 자신의 말이 허비되었다고 느낄 수도 있지만 절대로 허비되지 않았다(고전 15:58 참조). 당신의 말은 영향력의 시작이다. 또는 하나님이 한 사람을 믿음으로 인도하려고 사용하시는 최종적이며 결정적인 말일지도 모른다. 당신의 말을 하라. 그리스도에 관한 말이라면 가장 작은 한 마디도 허비되지 않는다.

어느 자매가 우리 교회에 등록하면서 그리스도께서 어떻게 자신을 구원하셨는지 들려주었다. 자매는 부모님 때문에 기독교를 어느 정도 알았지만 십대 후반부터 기독교와 완전히 멀어졌다. 어느 날, 자매와 친구들이 해변을 걷는데 잘생긴 남자들이 다가왔다. 자매는 남자들에게 강한 인상을 남기고 남자들이 자신을 매력적이고 멋지다고 생각하길 바랐다. 그런데 남자들이 지나갈 때, 그들 가운데 하나가 외쳤다. "예수님을 찬양하라!"

아마도 그날 밤 늦게, 남자들은 자기들끼리 이렇게 말하지 않았을까 싶다. "야, 그건 절름발이 전도였어! 거기서 멈추지 말고 더 말했어야지!" 이들은 '예수님을 찬양하라!'는 한마디에, 자매의 마음이 찔렸고 나중에 무릎 꿇고 주님께로 돌아갔다는 사실을 알 리 없었다. 전도는 허비되는 법이 없다.

4. 아낌없이 나누라.

인색한 사람이 아니라 후한 사람이라는 소리를 들어라. 예수님은 "아무것도 바라지 말고 꾸어 주라"(눅 6:35)고 하셨다. 일반적으로 내 말은 자신의 모든 소유를 나누라는 뜻이다. 인색한 사람들은 예수님을 중요하지 않고 만족스럽지도 않은 분으로 보이게 한다. 그러나 보다 구체적으로, 내 말은 이런 뜻이다. 책 읽기를 좋아하는 불신자들을 안다면 좋은 책을 아낌없이 주라. 신앙서적을 한 권 사서 주라. 산 책을 선물로 주면서 그 책이 당신에게 어떤 의미인지 들려주며, 그 책에 관해 나중에 대화하고 싶다고 말하라. 그 사람을 잘 모른다면, 당신에게 큰 의미가 있는 책을 한 권 선물해도 되겠느냐고 허락을 구하라.

나는 비행기를 탈 때마다 거의 이렇게 한다. 내가 목사라서 대화가 그리스도에 관한 내용으로 쉽게 이어질 때도 있지만 그렇지 않을 때도 있다. 그러나 어느 경우든, 나는 자주 이렇게 말한다. "제가 쓴 책을 선물로 드리고 싶은데 괜찮을까요?" 그러면 '필요 없어요!'라고 말하는 사람은 거의 없다. 이럴 때 주려고 가방에 책 몇 권을 넣어 다닌다. 가장 자주 넣고 다니는 책은 「예수님이 복음입니다」(*Seeing and Savoring Jesus Christ*, 부흥과개혁사 역간), 「예수님이 세상에 오셔서 죽으신 50가지 이유」(*Fifty Reasons Why Jesus Came to Die*), 「여호와를 기뻐하라」(*Desiring God*, 생명의말씀사 역간), 「어둠이 걷히지 않을 때」(*When The Darkness Will Not Lift*) 등이다.

이 책들을 현관 옆 서랍에도 몇 권 넣어 둔다. 기회 있을 때 누군가에게 건네주기 위해서다. 당신이 읽고 신앙에 도움 받은 얇은 책을 몇 권 선정해 적소에 배치해 두라. '오늘은 어떻게 그리스도를 전할 수 있을까?'라는 생각을 늘 하는 습관을 길러라. 아낌없이 주라.

물론 성경을 줘야 한다. 최근에 우연히 헨리 마틴 선교사의 전기를 폈는데 저자 B. V. 헨리에 관한 이런 부분을 읽었다. "헨리는 17세에 어느 할머니가 건네 준 신약성경을 읽고 그리스도를 믿었다."[주24] 성경

전권과 낱권을 아낌없이 주라.[주25]

5. 사람들에 관심을 가지라.

사람들을 돌보는 삶은 그들의 마음으로 가는 아름다운 오솔길이다. 우리가 사람들에게 관심도 없고 그들을 돌보지도 않는다면, 전도는 평판이 나빠진다. 사실, 사람들은 재미있다. 우리가 말을 건네는 사람들마다 흥미로운 경험을 수없이 했으며, 하나님의 놀라운 피조물이다. C. S. 루이스의 말을 기억하라.

> 가능한 신들(possible gods and goddess, 모든 아이들을 왕의 자녀라는 의미로 왕자나 공주라고 부르듯이, god와 goddess는 인간을 하나님의 자녀로 보는 루이스의 인간관을 집약적으로 보여 주는 말이다 —옮긴이 주)의 사회에 살면서 우리가 말을 건네는 가장 따분하고 재미없는 사람이 어느 날 예배하고 싶은 유혹이 강하게 들 피조물이 되거나 그게 아니면 우리가 지금, 혹 만나더라도 악몽에서나 만나는 혐오스럽고 타락한 피조물이 되리라는 것을 기억하는 게 매우 중요하다.
>
> 온 종일, 우리는 두 목적지 가운데 한쪽으로 가도록 서로를 돕는다. 우리는 이러한 두 가능성을 생각하면서 여기에 걸맞은 두려움과 신중함을 갖고 서로 간에 모든 거래와 우정, 모든 사랑과 모든 놀이, 모든 정치를 해야 한다. 평범한 사람은 없다. 우리가 말을 건네는 사람들은 하나같이 사라지지 않을 존재들이다.[주26]

그러나 우리들 대부분은 이렇게 생각하지 않는다. 신들(gods, 루이스가 인간을 표현하는 말이다 – 옮긴이주)은 우리를 지루하게 하며, 우리는 컴퓨터 게임으로 돌아간다. 다른 사람들에게 관심을 갖는 사람은 극소수에 불과하다. 당신이 사람들의 이야기를 정말로 재미있어 하고 정말로 그들을 돌보면, 그들도 마음을 열고 당신의 이야기–그리스도의 이야기–를 들으려 할 것이다.

6. 사람들을 교회로 초청하라.

당신과 관계된 사람들이 그리스도인이 되기 전이라도 그들을 교회로 초대하라. 그리스도인이라는 게 뭔지 전혀 모르는 사람들도 우리가 교회에서 노래하고, 말하며, 어울리는 방식에 익숙해지면서 이러한 어색함을 어느 정도 극복할 수 있다. 하나님의 말씀 선포(전도)는 특별한 능력이 있다.

모든 종류의 말은 어떤 면에서 특별하다. 전도는 우리가 교통하는 유일한 수단도 아니며 주된 수단도 아니다. 그러나 전도는 하나님이 특별한 효과를 위해 정하신 방법이다. "하나님의 지혜에 있어서는 이 세상이 자기 지혜로 하나님을 알지 못하므로 하나님께서 전도의 미련한 것으로 믿는 자들을 구원하시기를 기뻐하셨도다"(고전 1:21).

사람들이 교회에 오길 주저한다면 당신의 목사님이나 다른 분의 설교를 보거나 들을 수 있도록 그들을 웹사이트로 안내하라.

7. 지역 사회에 복음을 가르치라.

사도들이 예루살렘에서 심문 받을 때, 대제사장은 "너희가 너희 가르침을 예루살렘에 가득하게 하니"(행 5:28)라고 했다. 모든 그리스도인이 그리스도에 관해 말하며, 그리스도에 관한 책을 선물하며, 그리스도에 관한 이메일을 보내며, 그리스도를 위해 사람들을 교회로 초대하며, 그리스도를 위해 이웃에게 후히 베풀면, 사람들은 이렇게 말할 것이다. "저 그리스도인들이 저들의 가르침으로 우리 도시를 가득 채웠네요!" 그렇게 되길 간절히 바란다.

8. 은사를 활용하라.

각자 은사가 다르다. 그러므로 그 누구를 보더라도 그의 전부를 모방하려 하지 말라. 모든 그리스도인이 종이어야 하지만(갈 5:13 참조) 특별히 섬김의 은사를 가진 사람들이 있다(롬 12:7 참조). 모든 그리스도인이 자비심을 가져야 하지만(눅 6:36 참조) 특별히 자비(긍휼)의 은사를 가진 사람들이 있다. 모든 그리스도인이 그리스도를 전해야 하지만(벧전 2:9 참조) 특별히 예언과 권면과 가르침의 은사를 가진 사람들이 있다(롬 12:7 참조).

우리 모두 앞서 말한 전부를 하거나 가져야 하는 게 사실이지만, 특별한 은사를 가진 사람들이 있다. 당신이 어디에 적합한지 찾아 그 자리에서 효율성을 발휘하라. 모든 분야에서 자라되 자신이 다른 사람과 다르다는 이유로 스스로 무기력해지지 말라. 하나님이 당신을 지으셨고 복음을 전하는 일에 특별한 당신을 사용하려 하신다.

9. 전도 관련 서적을 읽으라.

월 메츠거의 「양보 없는 전도」(Tell the Truth, 생명의말씀사 역간)와 제임스 I. 패커의 「복음전도와 하나님의 주권」(*Evangelism and the Sovereign of God*), 마크 데버의 「복음과 개인전도」(*The Gospel and Personal Evangelism*, 부흥과개혁사 역간) 가운데 두 권은 상대적으로 오래되었고 하나는 최근에 나왔다.[주27] 물론 당신의 주목을 끌 만한 책은 수십 권에 이를 것이다. 다만 여기서 핵심은 당신이 이런 방식으로 생각하도록, 다른 사람들이 개인 전도에 관해 쓴 글에서 가르침과 영감을 얻으려는 갈망을 품도록 독려하는 것이다.

10. 담대함을 구하라.

신약에서 전도와 관련된 대부분의 기도가 복음을 듣는 자가 아니라 전하는 자를 위한 기도라는 사실은 주목할 만하다. 로마서 10장 1절은 예외다. "형제들아 내 마음에 원하는 바와 하나님께 구하는 바는 이스라엘을 위함이니 곧 그들로 구원을 받게 함이라."

그러나 대부분의 구절은 이렇다.

"형제들아 너희는 우리를 위하여 기도하기를 주의 말씀이 너희 가운데서와 같이 퍼져 나가 영광스럽게 되고"(살후 3:1).

"또한 우리를 위하여 기도하되 하나님이 전도할 문을 우리에게 열어 주사 그리스도의 비밀을 말하게 하시기를 구하라"(골 4:3).

"모든 기도와 간구를 하되 항상 성령 안에서 기도하고 이를 위하여 깨어 구하기를 항상 힘쓰며 여러 성도를 위하여 구하라 또 나를 위하여 구할 것은 내게 말씀을 주사 나로 입을 열어 복음의 비밀을 담대히 알리게 하옵소서 할 것이니"(엡 6:18-19).

자신과 가족과 교회와 목회자들을 위해 이런 방법들로 기도하라.

사도 바울이 교회들에게 자신의 담대함을 위한 기도를 부탁할 필요를 느꼈다는 사실은 주목할 만하며, 또한 힘이 된다. 바울이 이런 기도가 필요했다면 당신과 나는 더더욱 그러하지 않겠는가?

담대하게 말씀을 전하는 인생

사도행전 4장 31절을 그리스도의 교회를 향한 당신의 꿈과 기도로 삼아라. "빌기를 다하매 모인 곳이 진동하더니 무리가 다 성령이 충만하여 담대히 하나님의 말씀을 전하나라."

하나님이 이런 방법으로 우리에게 자비를 베풀고 그분의 교회에 성령을 부으시면, 우리의 눈이 밝아져 담대한 기쁨을 보며 우리의 입이 열려 복음의 이야기를 전할 것이다. 우리는 세상에서 가장 놀라운 소식을 들은 사람들처럼 보고 말할 것이다. 정말로 우리는 이 소식을 가졌다. 그래서 거듭났다. 다른 사람들도 이런 방법으로 거듭날 것이다.

"너희가 거듭난 것은 …… 살아 있고 항상 있는 하나님의 말씀으로 되었느니라 …… 너희에게 전한 복음이 곧 이 말씀이니라"(벧전 1:23-25).

●
●
●

"네가 반드시 거듭나야 하리라"(요 3:7, NIV)는 예수님의 말씀은 세상에 짙게 드리운 문제의 정곡을 찌른다. 인간 본성에 이러한 깊은 변화가 없으면, 궁극적인 평화도 없고 궁극적인 정의도 없으며, 증오와 이기심과 인종차별에 대한 승리도 없다. 인간이 근본적으로 변화되기 위해서는 거듭나야 한다. 인간이 근본적으로 바뀌지 않으면 타고난 이기심이 모든 꿈을 망친다.

예수님의 처방은 깊은 혼란을 겪는 우리에게 딱 들어맞는다. 우리가 단순히 나쁜 환경 때문에 나쁜 짓을 한다면, 환경을 바꾸면 우리의 행동도 바뀔 것이다. 그러나 우리 문제는 타인을 비방하거나 은밀히 속이고, 책임에 소홀하며, 자기와 다르다는 이유로 멀리하며, 진리를 왜곡하고, 가난한 자들을 무시하며, 창조자를 생각하지 않는 등 단순히 나쁜 짓만 하는 게 아니다. 우리 문제는 우리의 행위가 우리의 존재에서 나온다는 사실이다.

"가시나무에서 포도를, 또는 엉겅퀴에서 무화과를 따겠느냐 이와 같이 좋은 나무마다 아름다운 열매를 맺고 못된 나무가 나쁜 열매를 맺나니"(마 7:16-17).

"마음에 가득한 것을 입으로 말함이라"(마 12:34).

예수님은 인간이 나쁜 열매를 맺는 것은 가뭄 때문이 아니라, 나무가 병들었기 때문이라고 설명하신다.

우리 상황에 대한 예수님의 진단을 인정하지 않고는 그분의 근본적인 처방(치료)을 절대 이해하지 못한다. 인간의 마음은 본래 이기적이다. 예수님은 인간의 최선을 절대로 낭만적으로 생각지 않으셨다. 예수님은 제자들을 사랑하셨다 제자들이 자상한 아버지라는 것도 아셨다. 그런데도 예수님은 사실상 제자들이 악하다고 하셨다. "너희가 악한 자라도 좋은 것으로 자식에게 줄 줄 알거든"(마 7:11).

예수님은 "만물보다 거짓되고 심히 부패한 것은 마음이라 누가 능히 이를 알리요"(렘 17:9)라는 예레미야 선지자의 말에 동의하셨다. 또한 우리의 타락 정도를 꿰뚫는 사도 바울의 말에도 동의하셨을 것이다. "마음의 허망한 것으로 행함같이 …… 총명이 어두워지고 그들 가운데 있는 무지함과 그들의 마음이 굳어짐으로 말미암아 하나님의 생명에서 떠나 있도다"(엡 4:17-18). 이것이 인간의 모습이다. 우리는 의지의 밑바닥—뿌리, 원천—에서부터 강퍅하다. 예외는 없다. "주의 눈앞에는 의로운 인생이 하나도 없나이다"(시 143:2).

"네가 반드시 거듭나야 하리라"는 게 우리에게 내리는 예수님의 처방이자 치료책이다. 예수님은 인간이 거듭날 수 있도록 모든 준비를 완벽히 해놓으셨다. 죄 없는 삶을 사신다. 예수님은 우리 죄 때문에 죽으셨다. 우리 대신 하나님의 진노를 받으신 것이다. 예수님은 우리의 죗값을 지불하시고 영생을 사셨다. 예수님은 하나님의 모든 약속을 성취하셨다. 예수님은 사망과 지옥과 사탄을 이기고 죽은 자 가운데서 다시 살아나셨다. 하나님 오른편에서 다스리며 우리를 위해 중보하시는 예수님은, 다시 오셔서 "저주가 있는 곳에 자신의 복이 흐르게 하실 것이다"(아이삭 왓츠가 쓴 "기쁘다 구주 오셨네"라는 찬송의 한 구절이다. 새찬송가는 "죄와 슬픔 몰아내고"라고 옮겼다 – 옮긴이주). 예수님은 우리가 거듭남을 선물로 받을 수 있도록 이 모든 일을 하셨다. 이 모든 축복은 거듭난 자를 위한 것이다.

이 모든 축복과 우리를 잇는 고리는 거듭남이다. 거듭남과 같은 가장 근본적인 변화가 없으면 개인과 사회와 세계가 새로워지지 못한다. 거듭남은 참되고 지속적인 모든 변화의 뿌리다.

이렇게 말하는 사람도 있으리라. "내가 아는 종교인들 – 그리스도인, 유대교인 무슬림, 힌두교인, 불교도, 사이비교도 – 가운데 독사(毒蛇) 같은 사람들이 있어요. 이 사람들은 전혀 새로워지지 않던데요."

예수님도 이들을 아셨는데, 그들을 위선자라고 추론하신다.

"[너희가] 잔과 대접의 겉은 깨끗이 하되 그 안에는 탐욕과 방탕으로 가득하게 하는도다"(마 23:25).

"회칠한 무덤 같으니 겉으로는 아름답게 보이나 그 안에는 죽은 사람의 뼈와 모든 더러운 것이 가득하도다"(마 23:27).

예수님에게 종교적 위선은 놀랄 일이 아니었고, 예수님은 이들을 위해 가장 신랄한 말씀을 준비하셨다. 무엇이 "독사의 자식들을"(마 12:34) 변화시킬 수 있겠는가? 독사들에게 필요한 것은 개혁이 아니라, 거듭남이다.

자신이 변하길 원하는가? 결혼생활이 변하길 원하는가? 속 썩이는 자녀들이 변하길 원하는가? 자신이 섬기는 교회가 변하길 원하는가? 불의한 사회체제가 변하길 원하는가? 불합리한 정치제도가 변하길 원하는가? 나라 간의 적의(敵意)가 변하길 원하는가? 인간의 환경파괴 행위가 변하길 원하는가? 외설적인 문화가 변하길 원하는가? 가난한 자들이 고통 받는 현실이 변하길 원하는가? 부자들의 무감각한 사치 행태가 변하길 원하는가? 교육기회의 불평등이 바뀌길 원하는가? 자민족중심주의의 오만한 태도가 변하길 원하는가? 당신은 이 가운데 어느 하나에 관해서라도 가슴 아파하며 변화를 갈망하는가? 그렇다면 거듭남에 가장 큰 관심을 두어야 한다.

문화를 빚고 행동을 이끄는 다른 방식들도 있다. 그러나 어느 하나도 이처럼 깊지는 못하다. 어느 하나도 이처럼 폭넓은 영향을 미치지는 못한다. 어느 하나도 이처럼 보편적으로 적절치는 못하다. 어느 하나도 이처럼 영원한 의미를 갖지는 못한다.

어느 날, 주님이 다시 오실 때, 하나님 나라가 완전히 임하리라. 예수님이 새롭고 아름다운 땅에서 친히 모든 것을 만족시키는 큰 보화가 되시리라. 그러나 모두가 이것을 누리지는 못하리라.

예수님은 "진실로 진실로 네게 이르노니 사람이 거듭나지 아니하면 하나님의 나라를 볼 수 없느니라"(요 3:3)고 하셨다. 예수님이 길이요 진리요 생명이다(요 14:6 참조). 우리는 예수님께 나올 때 생명을 얻는다. 예수님께 나오지 않으면 지금뿐 아니라 영원히 생명을 얻지 못한다. 하나님은 영원한 생명을 주시며, 이 생명은 그분의 아들 안에 있다(요일 5:11 참조). "내게 오라. 생명을 얻으리라"(Come to me that you may have life, ESV., 요 5:40). 예수님께 오면, 당신은 참으로, 반드시, 마침내 살아난다.

1) Aurelius Augustine, *Confession*, 152(VII, 18).

2) 같은 책, 170-171(VIII, 8).

3) 같은 책, 177-178(VIII, 12).

4) 같은 책, 178(VIII, 12).

5) C. S. Lewis, *Surprised by Joy: The Shape of My Early Life* (New York: Harcourt Brace and World Inc., 1955), 237. 「예기치 못한 기쁨」(홍성사 역간). p. 338-339.

6) Ron Sider, *The Scandal of the Evangelical Conscience* (Grand Rapids, MI: Baker Books, 2005), 18-28.

7) https://www.barna.org/barna-update/article/5-barna-update/183-more-people-use-christian-media-than-attend-church

8) 이 책 전체에서, 우리는 잉태의 이미지와 출생의 이미지를 구별하지 않을 것이다. 과학이 발달하기 이전인 1세기 사람들도 아이들이 태어나기 전에도 살아 있으며 발길질을 한다는 걸 알았다. 그러나 성경 저자들은 거듭남을 말할 때 잉태를 자세히 논하지 않았다. 일반적으로 성경 저자들은(그리고 우리는) 거듭남을 말할 때 잉태 시점을 생각하든 출생 시점을 생각하든 간에 새 생명이 생겨나는 것을 말한다.

9) John Calvin, *Institutes of the Christian Religion* (Philadelphia: The Westminster Press, 1960), 538(III, I.I.).

10) www.christusrex.org/wwwi/CDHH/baptism.html, 2008년 4월 30일 접속.

11) Calvin, *Institutes of the Christian Religion*, 35, (I. I, I).

12) "네가 난 것을 말하건대 네가 날 때에 네 배꼽 줄을 자르지 아니하였고 너를 물로 씻어 정결하게 하지 아니하였고 네게 소금을 뿌리지 아니하였고 너를 강보로 싸지도 아니하였나니 아무도 너를 돌보아 이 중에 한 가지라도 네게 행하여 너를 불쌍히 여긴 자가 없었으므로 네가 나던 날에 네 몸

이 천하게 여겨져 네가 들에 버려졌느니라 내가 네 곁으로 지나갈 때에 네
가 피투성이가 되어 발짓하는 것을 보고 네게 이르기를 너는 피투성이라
도 살아 있으라 다시 이르기를 너는 피투성이라도 살아 있으라 하고 내가
너를 들의 풀같이 많게 하였더니 네가 크게 자라고 심히 아름다우며 유방
이 뚜렷하고 네 머리털이 자랐으나 네가 여전히 벌거벗은 알몸이더라 내
가 네 곁으로 지나며 보니 네 때가 사랑을 할 만한 때라 내 옷으로 너를 덮
어 벌거벗은 것을 가리고 네게 맹세하고 언약하여 너를 내게 속하게 하였
느니라 나 주 여호와의 말이니라"(겔 16:4-8).

13) Clarence Thomas, *My Grandfather's Son: A Memoir* (New York: HarperCollins, 2007), 51.

14) "그 안에서 너희도 진리의 말씀 곧 너희의 구원의 복음(the word of the truth, the gospel)을 듣고 그 안에서 또한 믿어 약속의 성령으로 인치심을 받았으니"(엡 1:13). "너희가 전에 복음 진리의 말씀(the word of the truth, the gospel)을 들은 것이라"(골 1:5).

15) 문자적으로 우리의 정화와 하나님의 낳음(거듭나게 하심)은 분사로 연결되어 있을 뿐이다(*anagegennēmenoi*, "거듭났으니/having been born again," 벧전 1:23). 그러나 전후 문맥으로 볼 때, 이 분사가 앞부분의 근거나 원인의 역할을 하는 게 분명하다.

16) http://www.meditationiseasy.com/mCorner/techniques/Mantra_meditation.htm, 2008년 5월 1일 접속.

17) http://yoga.iloveindia.com/yoga-types/mantra-yoga.html, 2008년 5월 1일 접속

18) http://yoga.iloveindia.com/what-yoga.html, 2008년 1월 5일 접속

19) John Stott, *The Letter of John* (Grand Rapids, MI: Eerdmans, 1988), 175.

20) 하나님의 선물로써의 믿음에 대해 더 알고 싶으면 다음을 보라. 딤후 2:25-26; 엡 2:8; 빌 1:29; 행 5:31; 13:48; 16:14; 18:27.

21) Robert Law, *The Tests of Life: A Study of the First Epistle of John* (Grand Rapids, MI: Baker Book House, orig. 1909).

22) 기독교 희락주의(Christian Hedonism)는 하나님의 가치는 그분에게서 가장 깊은 만족을 발견하는 영혼에게서 더 밝게 빛난다고 가르친다. 기독교 희락주의를 가장 깊이 있게 전개한 책은 이것이다. John Piper, *Desiring God: Meditation of the Christian Hedonist*, 3rd ed. (Sisters, Ore.: Multnomah, 2003). 「여호와를 기뻐하라」(생명의말씀사 역간).

23) 전도용 소책자 중에서 두 가지만 들면 *For Your Joy*와 *The Quest for Joy*가 있다.

24) B. V. Henry, *Forsaking All for Christianity: A Biography of Henry Martyn* (London: Chapter Two, 2003), 167.

25) *English Standard Version* 전권을 Desiring God에서 4달러가 안 되는 가격으로 살 수 있다. http://www.desiringgod.org/store/topicindex/54/720_ESV_Paperback_Bible_Outreach_Edition/

26) C. S. Lewis, *The Weight of Glory* (Grand Rapids, MI: Eerdmans, 1949), 14-15. 「영광의 무게」(홍성사 역간).

27) Will Metzger, *Tell the Truth: Whole Gospel to the Whole Person by Whole People*, third ed. (Downers Grove, IL: InterVarsity Press, 2002, orgi 1981). 「양보 없는 전도」(생명의말씀사 역간); J. I. Packer, *Evangelism and the Sovereign of God* (Downers Grove, IL: InterVarsity Press, 2009, orgi 1961); Mark Dever, *The Gospel and Personal Evangelism* (Wheaton, IL: Crossway Books, 2007). 「복음과 개인전도」(부흥과개혁사 역간).